The Social Market Economy

社会市场经济

Compatibility among Individual, Market, Society and State

兼容个人、市场、社会和国家

Lars P. Feld
Peter Jungen

[德] 拉斯·P. 菲尔德
[德] 彼得·荣根 主编
朱民 周弘

中信出版集团 | 北京

图书在版编目（CIP）数据

社会市场经济：兼容个人、市场、社会和国家 / 朱民等主编 . -- 北京：中信出版社，2019.6
ISBN 978-7-5086-8692-9

Ⅰ. ①社… Ⅱ. ①朱… Ⅲ. ①市场经济－德国－文集 Ⅳ. ① F151.639-53

中国版本图书馆 CIP 数据核字 (2018) 第 040243 号

社会市场经济：兼容个人、市场、社会和国家

主　　编：朱民　等
出版发行：中信出版集团股份有限公司
　　　　　（北京市朝阳区惠新东街甲 4 号富盛大厦 2 座　邮编　100029）
承 印 者：中国电影出版社印刷厂

开　　本：880mm × 1230mm　1/32　　印　　张：10.75　　字　　数：172 千字
版　　次：2019 年 6 月第 1 版　　印　　次：2019 年 6 月第 1 次印刷
广告经营许可证：京朝工商广字第 8087 号
书　　号：ISBN 978-7-5086-8692-9
定　　价：58.00 元

目录

德国社会市场经济的蓝图于20世纪30年代在弗莱堡由弗莱堡经济学院绘制而成。在瓦尔特·欧肯和弗朗茨·伯姆的引领下，弗莱堡学派在自由放任资本主义和经济集体主义之间开辟了“第三条道路”。这一经济思想后来被称为“秩序自由主义”或德国版的“新自由主义”。在欧元危机期间，秩序自由主义作为预设德国立场的主要思想来源而被广泛讨论。

为解决历史学派与理论经济学派之间的“二律背反”问题，欧肯提出了一种以规则为导向的经济学方法。这种方法对理解秩序自由主义的经济学观点极为重要。首先，将规则水平视为经济改革的联结点；其次，将规则作为经济分析的重点。总体而言，欧肯的经济政策研究集中于受制定原则保护的规则水平。欧肯尝试通过规范性原则避免经济宪法中可能出现的问题，并设想了一个能同时增进生产者和消费者福利的经济制度。

社会市场经济将个人自治作为一个构成原则。弗朗茨·伯姆是将合同、责任和个人财产权自由纳入极其复杂的经济宪法方案的策划者。作为竞争法教授和专家、基督教民主党联邦议院议员，伯姆坚定地支持制定德国竞争法，而这部法律后来成为欧盟竞争法的蓝本。

1948 年的币制改革推动了社会市场经济的成功。与德国马克一同推出的还有取消了大部分价格控制的著名“原则法案”(Leitsätzegesetz)。由于采取了激励生产者为官方市场提供货物和产品的措施，币制改革取得了巨大成功——最值得注意的是，改革成功得益于后来在很大程度上独立于政治舞台的联邦中央银行制度的建立。

路德维希·艾哈德的国务秘书米勒–阿尔玛克将“社会政策范式”纳入弗莱堡经济学派的核心思想，提出了社会市场经济构建和谐社会的方案。然而，将米勒–阿尔玛克的构想应用于社会市场经济庞大的网络建设后，便显现出了成本问题。

如果不对不同时期的竞争观念进行比较评估，社会市场经济的理论基础是不完整的。竞争政策赋予国家维持市场竞争的责任。米克施坚信国家应该采用自上而下的方式来加强竞争；而梅斯特马克则认为，赋予国家绝对权力会对自由造成不可挽回的破坏。就像在个人和集体之间分配绝对自由一样，这是弗莱堡学派的最初起点。为认真回应马克思关于资本主义制度可能自我毁灭的观点及克服斯密“看不见的手”中武断却又乐观的信念，梅斯特马克构建了一种程序，借助区分两个领域来解决这一困境：国家领域和市场领域。

弗里德里希·A. 鲁茨与他的学生欧肯一样进一步发展了伯姆－巴维克的利率理论，但其对经济理论的影响要远大于欧肯。在普林斯顿大学和苏黎世大学任教期间，鲁茨为新古典经济学中新兴的理性预期研究做出了贡献。他有关收益曲线和企业投资的著作为现代金融的进一步发展开辟了道路。

继弗莱堡学派对德国社会市场经济产生影响之后，赫伯特·吉尔施对战后经济学（在普遍意义上）和对社会市场经济（在特定意义上）的贡献不容低估。他 1979 年撰写的论文，是其后来在《美国经济评论》发表文章的基础。该文章在熊彼特百岁诞辰时对其生平进行了评价。20 世纪 80 年代，吉尔施支持制定以供给为导向的政策以推动投资。人们不会忘记他对社会市场经济做出的贡献。

沃夫冈·施蒂策尔是德国社会市场经济重大改革起决定性作用的倡导者，尽管他反对赫伯特·吉尔施在经济专家委员会中坚持固定汇率制度的立场。致力于使社会福利制度免受人口变化的外部影响，以及通过强化激励机制使社会政策发挥作用，使施蒂策尔成为少数几个支持“新自由主义”立场的德国凯恩斯主义经济学家之一。

Contents

The blueprint of the German Social Market Economy was developed by the Freiburg School of Economics during the 1930s' in Freiburg. Under the leadership of Walter Eucken and Franz Böhm, the Freiburg School developed a "third way" between laissez-faire capitalism and economic collectivism. This type of economic thinking was later labeled as "Ordo-Liberalism", the German version of "Neo-Liberalism". Ordoliberalism has been widely discussed as a major

The Social Market Economy laid down private autonomy as a constitutive principle. Franz Böhm was the mastermind of the idea to melt freedom of contract, liability and individual property rights into an intractable amalgam of the economic constitution. Being both a professor and expert in competition law and a member of the Bundestag for the Christian Democrats, Böhm critically accompanied the legislation of German competition law that later became a blueprint for the competition law of the European Union.

The success of the Social Market Economy was sparked by the Currency Reform of 1948. The Deutsche Mark was introduced together with the famous

time varying perception of competition. Competition policy assigns to the state the responsibility to maintain competition in the market. Leonhard Miksch had a strong belief that the state should enforce competition in a top-down approach. Mestmäcker, on the other hand, asserts that assigning absolute power to the state would irrevocably destroy liberty – just as assigning absolute freedom to individuals and corporations, the initial starting point of the Freiburg School. Taking Marx' point about the possible self-destruction of capitalist systems dead serious and overcoming the dogmatic but roseate belief in Smith's "invisible hand", Mestmäcker develops a procedure that resolves both positions by distinguishing between two domains: the domain of the state and the domain of the market.

10. The interest rate and investment in a dynamic economy

Friedrich A. Lutz / 213

Similar to Eucken, his doctoral student, Friedrich A. Lutz furthered Böhm-Bawerks theory of interest with much greater impact on economic theory as Eucken ever had. Lutz contributed to the emerging field of rational expectations in neoclassic economics during his

of continuing fixed-exchange rate regime, Wolfgang Stützel was a decisive advocate for a major reform of the Social Market Economy in Germany. Immunizing the social welfare system against the external effects of demographic change and sharpening the incentive structure towards an activating social policy made Stützel one of the few German Keynesian economists in favor of "neoliberal" positions.

“德国之谜”的八年探索之旅
——为《社会市场经济》序

德国的社会市场经济是一个令人困惑而又着迷的概念。说令人困惑，因为这是一个很有争议的理念或理想。它的根源可以追溯到李斯特的《政治经济学的国民体系》，其在魏玛共和国时期提出，有很浓的国家资本主义色彩，“二战”之后在备受争议中浮现。过去的70年，对社会市场经济从理论、政治、政策到历史都争议不断。说令人着迷，因为它居然把古典学术中如此矛盾的对立面德国化地和谐在一起，并成为德国战后快速崛起与平稳增长的理论基础。

望文生义，德国社会市场经济包含三个概念：德国、社会和市场。将这三个概念合为一体，才有德国社会市场经济的立体概念。社会市场经济的基本原理就是把市场自由同社会平衡结合起来。关于市场的概念比较直接，从古典经济学到新古典经济学都是强调自由竞争。关于社会的概念就比较有分歧，什么是社会的定义？社会公平？保护弱者？政府调控？而如何把两个概念融合在一起，就更有分歧了。市场为主还是社会为主？ 市场的作用和社会的作用如何融合、协调？此外，市场的社会含义和社会的市场作用又如何交织与互动？这里没有简单答案，只能不断挖掘。

在编译和写作过程中，我们体会到，1949 年后第一届联邦德国政府推行的“社会市场经济”的首要内涵是在战后德国经济实践中引入竞争机制、鼓励企业家精神和促进市场自由化。这是德国社会市场经济的核心基础。“二战”以前，德国经济包括政治和社会要素。“二战”时期，德国实施高度管制的经济体制。“二战”之后，德国社会不乏维护这种管制体制的惯性。但联邦德国政府顶住压力，毅然废除了战时及战后几年的价格管制，通过引入市场竞争机制推动市场自由化。

社会的概念，则有一个发展过程。首先它意味着在市场自由化过程中打破垄断，其次它要求兼顾社会公平和福利，最后就是打破政府片面、孤立地干预市场的德国传统。社会概念中最为重要的理念是包容、保护弱者，帮助那些没有能力自我帮助的人。这就是社会的责任。

对于市场和社会的融合，德国的理解是十分有趣的。

这种理解既否定从“计划经济”的角度理解，即从合法的国家干预到乌托邦式的中央指令型经济，也反对把“自由经济”视为放任经济体遵循内在市场机制的调节。德国经验认为，倘若竞争的市场秩序可以避免垄断，那么市场经济本身就是社会的。在这里，德国的概念源自德国的理念、文化和一定意义上的哲学。“社会”概念是德国的完美的市场经济中的应有之义，自由竞争是一种精神，是一切的前提。个人责任和个人努力同样是一种精神，是一切的前提和基础。在个人努力的基础上才有帮助弱者的社会救助原则。市场和竞争是实现社会福祉的根本。不过，市场和竞争不会自发形成，需为其构建一个正常运行并且维护人的尊严的制度框架。这里已经超越了竞争秩序，这个制度框架包括社会及社会－政治体制。这就是德国模式。

我们的专业背景大不相同，一位是欧洲历史、政治和人文的专家，一位是经济金融学者，是德国把我们的研究兴趣连到一起。八年前，我们和荣根先生一起，开始了我们称为“德国之谜”的探索之旅。我们首先开始探讨德国货币政策。战后德国的货币政策从管制走向市场化和开放，并在国际化的过程中逐渐建立起宏观货币政策和经济调控框架。这个完整的过程是在怎么样的经济和政治大背景下发生和完成的？又是如何促进联邦德国的经济金融稳定和发展的？探索的结果是我们第一本合作的书《德国马克与经济增长》，这本书已经于2012年出版。书出得很不容易，我们三人，一位在北京、一位在华盛顿、一位在科隆，全靠业余时间的电子邮件和电话沟通。我们先从浩瀚的文献中选出我们认为最重要和最具代表性的文章，然后翻译、编整。有趣的是，相对于德国人，我们是外国人，我们更具有国际视野并能更从容地进行比较。我们从世界各国的文献中挑选对德国货币政策和经济增长的研究和评论，德文、英文、法文，不亦乐乎。该书在国内出版后，德国央行认为这本书很有意义，填补了德国国内对德国货币政策的研究，又由我们组织把中文翻译成德文出版了德文版。真是应了中国"出口转内销"的老话。

在编译《德国马克与经济增长》的过程中，我们又着迷于柏林墙倒塌后的德国统一。这是一段动荡的历史，是一个非常的时刻，是一场危机，也是一个历史的机遇。柏林墙的突然倒塌，骤然间把两个德国重新统一的可能性和两个德国是否要重新统一并如何统一等问题提到了联邦德国与民主德国的政府、政治家和人民面前。人民在议论和猜测、市场在动荡、货币汇率在波动、政治家在激辩、外交家在折冲，各种政治方案层出不穷，各种聚会、示威、游行此起彼伏。整个社会在动荡。风起于青萍之末，风是怎么起来的？329天的疾风暴雨，此前此后的前因后缘，整个过程中的谋略、运作和博弈，这一切都让我们着迷。为此，我们于2015年翻译出版了《德国统一史》四大卷和《329天》。

现在，轮到德国之谜的核心了：德国社会市场经济的诠释。本书的编整更不容易，时空穿梭。先是从百年文献中找出古典的理论，再找当代的学者，从今天回顾德国社会市场经济的源起、“二战”后的重生、过去70年的争议。更是不亦乐乎。总算完成了。这样，八年间，我们通力合作出版了七本关于德国的书。

今天，我国的经济改革和开放已经走了40余年，回顾往事，风雨经历，殊为不易。今天在我们建立中国模式和中国道路的探索中，重读德国的经验，不无裨益。我们对参与本书的全体译校人员表示衷心的感谢。对中信出版社不计盈利出版我们这本书，表示真诚的感激。我们对乔卫兵总编辑的真诚襄助，惶惶不知何以为谢。

朱民　周弘

2019年2月12日

序二

社会市场经济的源起

2012 年，《德国马克与经济增长》一书出版后，中国社会科学院组织了一次会议，围绕“德国在金融危机中的表现为何好于多数国家”进行了研讨。德国政治家给中国官员的回答是：“我们让市场社会化。”显然，这一回答完全曲解了路德维希·艾哈德（Ludwig Erhard）于 1948 年提出的，由第一届联邦德国政府在 1949 年推行的“社会市场经济”的内涵。恰恰相反，路德维希·艾哈德决定在经济实践中史无前例地引入竞争机制、鼓励企业家精神和促进市场自由化，这些要素才是德国社会市场经济的基础。

就如何解读路德维希·艾哈德，如何认识德国社会市场经济的实质，并了解 1948 年特别是 1949 年的德国实践，中德双方进行了多次讨论后，达成了共识：出版一部著作，剖析德国社会市场经济的基本问题以及路德维希·艾哈德的思想遗产。由此便有了本书。

1949 年 5 月 23 日，担任议会委员会主席的康拉德 · 阿登纳（Konrad Adenauer）宣告《基本法》（即德国宪法）生效。40 年后的 1989 年 11 月，民主德国的民众推倒了柏林墙，为民主德国承认《基本法》，加速与联邦德国的统一进程创造了先决条件。2019 年德国宪法颁布 70 周年。我们也可以借此契机回顾两德统一 30 年来的历程。2019 年必定会有很多纪念演讲，其中必然会提及德国宪法的成功，但尤其值得一提的是德国社会市场经济模式的成功。

社会市场经济的基础奠定于此前一年的 1948 年 6 月 20 日，主要标志是德国马克作为新货币开始启用和路德维希 · 艾哈德废除了战时及战后几年的价格管制。德国由此开始引入市场经济，允许市场对大量的商品和服务自由定价。彼时，德国还未建立联邦政府和议会。如果已存在联邦政府或议会，那么能否选择实行市场经济并废除价格管制就成悬念了。其实，德国美国占领区美军总司令卢修斯 · 克莱（Lucius Clay）将军曾约见路德维希 · 艾哈德，告诫他不能更改价格管制的规定。艾哈德回答说："将军先生，我没有更改，我把它取消了。"卢修斯 · 克莱说："艾哈德教授，我的所有顾问都告诫我，在德国实行市场经济行不通。"艾哈德则回复说："不必担心，我的所有顾问也是这样建议我的。”

不过，市场经济在联邦德国确实成功了。试行之后，商店橱窗里摆满了商品。虽然普罗大众并不是立即就接受了市场经济，但最终联邦德国创造了经济奇迹。梅尔热耶夫斯基（Mierzejewski）写道：“在德国历史的转折点，与所有极端政治派别相比，艾哈德提出的才是切实可行且稳健的方案。”

究其根本，艾哈德引入市场经济，推动市场自由化，并兼顾社会公平和福利。他打破了垄断、卡特尔和政府对市场进行片面与孤立的干预的传统。通过在联邦德国引入市场经济的关键步骤，他实际上改写了联邦德国从未真正实行过市场经济的历史。

德国社会市场经济成功的秘诀在于通过引入市场竞争机制推动市场自由化。若竞争的市场秩序可以避免垄断，则市场经济本身就是社会的。路德维希·艾哈德 70 岁时曾对弗里德里希·A. 冯·哈耶克说：“哈耶克教授，请您不要误解。社会市场经济其实无须‘社会’二字，‘社会的’是社会市场经济的题中应有之义。由于社会市场经济比其他任何经济体制都更有效率，因此我们才能考虑帮助那些没有能力自我帮助的人。”按照艾哈德的逻辑，社会市场经济既不庇护工人，也不偏袒企业主，而是捍卫消费者利益。社会市场经济建立在竞争机制、社会救助原则和个体责任的基础上。

市场和竞争是实现社会福祉的根本。不过，市场和竞争不会自发形成，需为其构建一个正常运行并且维护人的尊严的制度框架。这就是德国的“秩序自由主义”，特别是弗莱堡经济学派思想的核心要义。该学派的主要代表人物是弗莱堡大学经济学教授瓦尔特·欧肯（Walter Eucken）和法学教授弗朗茨·伯姆（Franz Böhm）。弗莱堡学派另一代表人物莱昂哈德·米克施（Leonhard Miksch）是欧肯的学生，曾在战后艾哈德领导下的经济部工作，起草了1948年废除价格管制法的文件。

“社会市场经济”概念是1947年由阿尔弗雷德·米勒–阿尔玛克（Alfred Müller-Armack）首先提出的，他在1965年写道：“我很乐意传承瓦尔特·欧肯及其同僚力求在经济运行中恢复竞争机制的思想。我确实一直认为，过分强调以竞争秩序作为制定经济政策的手段太片面。因此，除了竞争秩序，我还建议纳入社会及社会–政治体制，但要采取遵从市场规律的措施。”米勒–阿尔玛克的思想来源于基督教教义的社会传播，1946年在他拜访过弗雷登–埃尔维克修道院后得到进一步发展，不过也可能与儒家思想有关。

客观地看，秩序自由主义经济思想，特别是弗莱堡学派对德国社会市场经济的建立产生了重要影响。实际上，艾哈德自认为是一个自由主义者，或借用亚历山大·吕斯托夫（Alexander Rüstow）在德国经济学会（German Economic Association）1932 年年会上的讲话，与传统自由放任意义上的自由主义相比，更确切地说他是一个新自由主义者。艾哈德是奥本海默（Oppenheimer）的学生，却深受欧肯、洛普克（Röpke）、吕斯托夫以及哈耶克等人思想的影响。不过，由于艾哈德需要获得很多政治集团的支持，他并不像其他德国秩序自由主义者那么故步自封。1966 年艾哈德被迫辞职时，联邦德国经济已达到有史以来最繁荣的水平。

20 世纪 40 年代末和 20 世纪 50 年代初，大多数西方国家，特别是盎格鲁－撒克逊国家都赞同约翰·梅纳德·凯恩斯提出的“经济短期稳定”的主张，德国却强调通过运用一种新的“秩序政策”（Ordnungspolitik）不断纠错来获得长期稳定。在德国，此举并非历史上首次尝试。米尔顿·弗里德曼在其著作的德文版序言中曾指出，“二战”后的联邦德国是最不可能向市场经济转型的欧洲国家，反而是战胜国选择了社会主义或计划经济。结果是，联邦德国在经济发展上成为欧洲最成功的国家。在联邦德国，广大民众强烈认同所谓“经济奇迹”（Wirtschaftswunder）的事实。曾担任《法兰克福汇报》（*Frankfurter Allgemeine Zeitung*）编辑的尤尔根·耶斯克（Jürgen Jeske）称之为“看得见的繁荣之手”。

发行德国马克最重要的美国支持者之一是爱德华·特南鲍姆（Edward Tenenbaum），他认为自己的想法与当时在弗莱堡研究如何构建战后联邦德国经济秩序的瓦尔特·欧肯如出一辙。特南鲍姆是卢修斯·克莱将军身边的幕僚，而克莱将军曾与艾哈德有过那段著名的经典对话，他还因曾对联邦德国和联邦德国实行社会市场经济可能性的见解而为世人熟知。

中德两国选择了两条有趣的并行发展路径。在联邦德国，路德维希·艾哈德 1948 年决定快速向市场经济转型。1949 年之后，中国决定实行高度集中的国家经济。直到邓小平实行改革开放，中国才逐步向市场经济转型。如今，德国社会市场经济是世界上最成功的经济模式之一，而中国是亚洲最具经济活力的国家。中国显然非常了解市场经济在实现国家繁荣和社会福祉中的重要作用。不过，如何构建一个正常运行且维护人之尊严的市场经济制度框架，仍然是包括中国和德国在内的很多国家持续讨论的问题。

在欧盟内，特别是在欧洲货币联盟内，有些成员国并未将德国秩序自由主义经济思想和实践真正视为经济成功的基础。相反，秩序自由主义经济思想受到严厉批评，甚至有些批评者要求德国政府为在欧元区危机时采取的有害立场承担责任。虽然秩序自由主义经济思想可能预见到欧洲货币联盟结构中存在的一些问题，以及银行业联盟等自身改革问题，但德国政府在欧元区危机期间的经济政策很大程度上是出于本国正当经济利益考虑而制定的。

因此，政治科学家和经济学家在公共媒体上有关德国秩序自由主义经济思想的讨论，也是促使我们编写这本书的原因，我们希望能够借此提高世界各国对秩序自由主义和社会市场经济的认知。我们的研究方法包括为读者提供阐述秩序自由主义经济思想的原始文本，然后邀请原文涉及的相关领域权威专家撰写简要评论，目的是将原文内容与当代背景结合起来进行分析。

拉斯・P. 菲尔德　彼得・荣根

2019 年 1 月 22 日

第一章
秩序自由主义与社会市场经济

作者：拉斯·P. 菲尔德
艾克哈德·A. 科勒
丹尼尔·尼安提德

导言

与其在当前政治论述中的用法相反，新自由主义一词原本是指那些反对自由放任的自由主义、希望国家发挥更积极作用的经济思想学派。面对 19 世纪末、20 世纪初混乱的经济局面——包括劳动阶级贫困、大公司掌控权力、多种货币和经济危机，新自由主义者坚持认为，政府应对自由市场进行干预以鼓励竞争。

自由主义的改革是一场国际运动，其最为重要的中心在芝加哥、弗莱堡、伦敦和维也纳。1932 年，亚历山大·吕斯托夫在德国经济学会的演讲中首次阐述了德国新自由主义的目标。他概述了介于国家干预（包括苏联式的经济规划）和自由放任的自由主义之间的“第三条道路”。吕斯托夫主张政府与各种市场力量采取一致行动，而不是相对抗：“实现我的主张需要居于个人团体和有关各方之上的强有力的国家。顺便提及，即使只想确保自由市场和公平竞争——同一原则适用于所有人，也需要满足这一要求。”

德国的新自由主义运动当前以“秩序自由主义”而著称，其知识基础可溯源至弗莱堡法学和经济学派。该学派由瓦尔特·欧肯、弗朗茨·伯姆和汉斯·格罗斯曼－德尔特（Hans Großmann-Doerth）于20世纪30年代创立。学派成员致力于探索法律制度结构与经济学的相互依赖性。他们与国家社会主义相对立的理论和政策，对德国战后经济制度——所谓的社会市场经济的形成产生了重要的影响。这一制度已被证明是德国经济在20世纪四五十年代成功复苏的决定性因素。

秩序自由主义并非一个统一的理论。为了使大家更好地了解本书收录的秩序自由主义学者的贡献，我们将秩序自由主义思想进行了以下三种区分：第一种是欧肯和伯姆的弗莱堡学派；第二种是以其创建者路德维希·艾哈德和阿尔弗雷德·米勒－阿尔玛克为代表的社会市场经济；第三种是吕斯托夫和威廉·洛普克的社会自由主义。尽管他们在自由市场理论和规范性基础方面有着重要的共识，但其立场在很多重要方面却有所不同。

那么，现今对秩序自由主义的看法如何？完成上述区分之后，我们再来讨论当前引起人们极大兴趣的三种秩序自由主义思想。首先，一般而言，秩序自由主义与以规则为导向的经济政策方法极为相似；具体而言，秩序自由主义又与宪政经济学研究计划有着众多共同之处。正如以下将论证的那样，这些相似之处说明了秩序自由主义思想与国际学术话语的普遍兼容性。

事实上，秩序自由主义在超国家层面可能已经对经济学辩论和经济政策产生了影响。在有关秩序自由主义思想对欧洲竞争法和应对欧元区危机产生影响的两次辩论中，这个问题都是焦点。我们将评论最近出版的一些著作，特别是在政治学著作中出现的“欧洲的秩序自由主义”这一假设。然而，在转向这些最新发展之前，我们首先要讨论秩序自由主义思想在弗莱堡大学的起源。

弗莱堡学派

弗莱堡学派是 20 世纪三四十年代弗莱堡大学法学和经济学学者通力合作的产物。1936 年，欧肯、伯姆和格罗斯曼－德尔特在题为“我们的任务”的宣言中首次概述了学派的研究计划。学派创始人为学生组织了联合研讨会，并编纂了题为“经济秩序”的系列出版物。学派的其他成员还包括弗里德里希·A. 鲁茨（Friedrich A. Lutz）、弗利兹·W. 迈耶尔（Fritz W. Meyer）和莱昂哈德·米克施。为了阐述弗莱堡学派的贡献，我们将重点关注两个方面：理论方法和政策范式。

1. 理论方法：以经济宪法为研究对象

弗莱堡学派的创始人在 1936 年的宣言中声称：“处理所有的实际政治——法律和政治——经济问题都必须与经济宪法概念相联系。”经济宪法（Wirtschaftsverfassung）是治理社会经济生活的（法律）规则框架。① 弗莱堡学派着重阐述不同规则框架的影响，而非经济主体在现有规则（例如市场）中的相互作用。

欧肯的《国民经济学基础》是弗莱堡学派理论方法最好的例证。他在该书中用经济制度（Wirtschaftsordnung）一词来描述现实经济体中过去和当前经济活动的模式。如此，他摒弃了德国历史学派的方法——将不同经济体视为经济发展的不同“阶段”或“模式”。

欧肯认为，现实经济制度是由其基本经济宪法——“博

① 用现代术语阐述，弗莱堡学派的研究重点是经济制度分析。

弈规则”塑造的。通过分析两种抽象或纯粹的经济制度，即竞争性市场经济和中央计划经济，来说明不同规则框架的影响。欧肯对中央计划经济影响的批判性论证，与和他同时代的学者路德维希·冯·米塞斯（Ludwig von Mises）各有千秋。

2. 政策范式：秩序政策（Ordnungspolitik）和竞争秩序

正如我们所看到的，弗莱堡学派的理论重点是经济生活的博弈规则。因此，学派的政策范式表明，经济政策应集中精力完善这些规则。这种经济政策方法被称为秩序自由主义政策（秩序政策），并且与干预政策（Prozesspolitik）有所区别。根据欧肯的观点，立法者应该通过改进其运作的规则框架来间接地影响市场结果。

欧肯在《经济政策原则》（*Grundsätze Der Wirtschaftspolitik*）一书中提出的政策建议，可以用来诠释秩序自由主义研究政策制定的路径。欧肯在该书中指出，一部理想的经济宪法需要满足两个标准，“既能发挥作用，又必须是人道的”。第一个标准意指经济效率。经济宪法应使市场能够正常运作，以确保消费品供应充足。第二个标准源自欧肯的自由政治观。他认为，人道的经济意味着人们可以在经济宪法的规则内自由地追求自己的目标。

欧肯强调个人自由与德国的历史经验有关。正如乌威·达斯（Uwe Dathe）指出的，欧肯首次对自由主义思想产生兴趣是在魏玛共和国时期。曾经是保守派的欧肯就是在那个时期开始接受由古斯塔夫·斯特雷斯曼（Gustav Stresemann）领导的德国人民党倡导的自由主义。国家社会主义（1933—1945）的经验使欧肯更加坚信个人自由的重要性。他与伯姆一起参加了反对希特勒的德国抵抗运动。

坚信自由主义的欧肯建议制定一部特殊的经济宪法，即所谓的竞争秩序（Wettbewerbsordnung）。竞争秩序基于一系列宪法原则，其中最重要的是价格体系的运行。其他原则包括稳定货币、开放市场、保护私有财产、合同自由、个人承担责任，以及经济政策的一致性。欧肯认为这些原则对市场经济的有效运行必不可少，但与此同时承认这些原则或许尚且不足，因而需要辅以其他规范性原则。规范性原则包括反垄断法、收入再分配、外部效应内化，以及在一些特定情况下，最低工资标准。

社会市场经济

第二次世界大战后，弗莱堡学派的观念对构建年轻的德意志联邦共和国经济制度产生了影响。该学派的成员通过一些方法对经济政策发挥了直接的影响。例如，欧肯、伯姆和米克施都是德国经济事务部学术顾问委员会的早期成员。米克施起草了1948年废除价格控制的法律，伯姆为在1958年生效的竞争法的早期版本做出了贡献。

但更重要的是，弗莱堡学派成员对社会市场经济的发展产生了间接的影响。负责制定战后德国经济政策的政治家路德维希·艾哈德和阿尔弗雷德·米勒－阿尔玛克都受到了学派成员思想的启迪。

1949—1963年，艾哈德先后担任美英占领区经济管理部部长、德意志联邦共和国经济事务部部长。1948年夏天，在他的督导下德国马克开始发行，并终结了价格控制。艾哈德反复强调弗莱堡学派的思想对其观念产生的影响。在回顾1961年的情景时，他写道："如果有一种理论能够准确地解释当时的情况，而且其见解为竞争和社会经济提供了新的动力，那么就是由这些人创建的理论，即今天被称为新自由主义或秩序自由主义的理论。"

正如尼尔斯·戈尔德施密特（Nils Goldschmidt）和迈克尔·沃尔格穆特（Michael Wohlgemuth）所指出的，弗莱堡学派的研究项目与艾哈德政治思想之间有两个重要的联系。首先，魏玛共和国和纳粹德国的历史经验使欧肯和艾哈德就国家在经济决策中的作用得出了相同的结论。其次，他们认为国家应该作为一个公正的裁判，执行一套定义明确、普遍适用的规则，而不是为某些特殊利益服务或者制订中央计划。

其次，与此相关，欧肯和艾哈德赞同自由经济不一定具有竞争力的观点。不同于自由放任的自由主义的拥趸，秩序自由主义者认为，为了取得预期效果——诸如亚当·斯密等古典政治经济学家所描述的，必须有意识地构建经济制度。欧肯和艾哈德十分清楚，企业有参与反竞争活动的动力，因而认为，为了保护消费者的利益，国家应制止这种行为。

社会市场经济这一术语是由米勒-阿尔玛克在1947年首创的。阿尔玛克是经济学教授，后担任经济事务部国务秘书。与此同时，他认为弗莱堡学派对市场运行的关注尚不足够。他在1965年写道："我心怀感激地采用了瓦尔特·欧肯及其同派学者旨在恢复竞争的主张。但我一直确信，将强调竞争秩序作为制定经济政策的手段过于狭隘。因此，我呼吁另外建立一套与市场措施相符的社会和社会政治制度。"

阿尔玛克认为，竞争性市场需要得到社会福利和收入再分配措施的支持。原因之一，就是要确保社会市场经济获得政治支持。尽管承认市场能够保证资源的最有效利用，但他清楚这将导致个人所得的不确定性。在阿尔玛克看来，社会市场经济的主要思想（以及该术语的真正含义）是将市场竞争与缓解经济困境的措施结合在一起。在这个意义上，他将这个术语理解为“协调”或体现经济效率与社会保障平衡的整合方案。

需要注意的是，弗莱堡学派和米勒 – 阿尔玛克对这个问题的看法有所不同。弗莱堡学派成员认为，生活条件的改善主要是市场作用的结果。但阿尔玛克采用整合方案这个术语表明，经济效率与社会政策目标之间存在持续的紧张关系。

社会自由主义

秩序自由主义的第三种表现形式是吕斯托夫和洛普克的社会自由主义。他们都于 1933 年逃离了纳粹德国。虽然与弗莱堡学派成员保持着联系，但他们的研究却朝着不同的方向发展。吕斯托夫和洛普克承认自由交易和竞争的重要性，但更为关注市场的社会先决条件，或者广义而言，更关注塑造社会的非经济因素。

从经济理论的角度出发，社会自由主义的代表人物意识到了传统自由主义的缺欠。他们的批评也更为深刻。社会自由主义更为关注的不是现代社会的物质条件，而是它所谓的精神空虚。正如尤尔金·赖恩胡特（Jurgen Reinhoudt）和塞尔日·奥雷尔（Serge Audier）所指出的："洛普克……致力于无产阶级化和大众化（Vermassung ）的社会学批判，指出在一个规模庞大的社会中，任何合理的生存范围界限都会丧失，人们会感到彼此极度疏远……同样，吕斯托夫认为人类并不仅仅依靠经济面包生活，其满足感还有其他来源。他坚持认为，人对团结的需要远胜于自由。"

吕斯托夫和洛普克提出了一系列政策来推动"至关重要的事物"或个人与资本主义社会的社会整合。例如，洛普克认为，人类的经济生活需要接受传统的基督教价值观，以及与他在瑞士农村流亡时相类似的生活方式。吕斯托夫和洛普克认为，市场存在于可能会也可能不会为其提供支持的社会结构之中。人们不必因为承认他们观点的普遍有效性，而赞同其建议中隐含的保守的社会哲学。正如帕特里夏·科蒙（Patricia Commun）和史蒂芬·科列夫（Stefan Kolev）所言："（洛普克）认为经济自由当然是必要的，但对自由社会而言，远不是一个充分的条件。相反，其他结构性因素，特别是根据美德伦理定义的资产阶级文化，对自由社会的稳定却是不可或缺的。”

接受秩序自由主义思想的最新进展

鉴于传统秩序自由主义议题之丰富和社会市场经济的实际成功，秩序自由主义的观点至今依然是学术辩论的主题便不足为怪。本节介绍了迄今为止备受关注的三种秩序自由主义的背景。

1. 作为宪政经济学的秩序自由主义

秩序自由主义发展的最新里程碑是维克托·范伯格（Viktor Vanberg）的著作。范伯格强调弗莱堡学派的秩序自由主义与詹姆斯·布坎南（James Buchanan）的宪政经济学之间的相似性。他们的研究项目都侧重于制度规则的运作特性。此外，他们都将社会规则视为一种社会（即政治）选择。然而，就第二个方面而言，宪政经济学优于传统的秩序自由主义。弗莱堡学派的学者无意将其分析扩展至政治进程，而宪政经济学却明确地将政治进程纳入研究范围。

宪政经济学基于两个重要的假设。首先，作为理论科学，它致力于方法论个人主义研究，认为社会现象应解释为（理性的）个体行为的结果。其次，作为应用科学，宪政经济学坚持认为，社会安排的合法性只能来自有关个人的意愿——这一概念称为规范性个人主义。

弗莱堡学派评估市场结果可取性的方法，是查询这些结果是否符合消费者的意愿。与此方法相类似，宪政经济学认为，应通过查询是否符合公民的意愿来评估政治安排。因此，后一个概念—— 范伯格称之为公民主权—— 可视为弗莱堡学派方法论在政治领域的有效扩展。将民主决策纳入秩序自由主义的研究计划，消除了在早期秩序自由主义中存在的合法性来源的模糊性。

一般而言，秩序自由主义与其他基于规则的经济政策方法非常相似。据此可以解释为什么公共选择理论能够在德国很快得以应用，伊丽莎白·里夫曼 – 凯尔（Elisabeth Liefmann-Keil）便是一个例子。她是欧肯的学生，1972 年当选欧洲公共选择协会第一任主席。同样，由于熟悉秩序自由主义，宏观经济学中的规则与自由裁量权争论得以在德国热烈地展开，例如基德兰德（Kydland）与普雷斯科特（Prescott）之争，巴罗（Barro）与戈登（ Gordon）之争，以及他们与泰勒（Taylor）之间的争论。这意味着，秩序自由主义的规则取向并非为德国所特有，而且秩序自由主义思想不但没有过时，还往往与国际学术论述完全一致。

2. 对德国和欧洲竞争法的影响

社会市场经济的一个重要组成部分是德国的 GWB（竞争法，Gesetz gegen Wettbewerbsbeschränkungen）。这部法律于 1958 年生效，取代了“二战”后实施的盟军反托拉斯法规。GWB 的通过标志着有关如何以及是否应监管反竞争行为旷日持久的辩论的终结。在这场辩论中，秩序自由主义者为了捍卫自身立场，不仅要与经济利益集团辩争，还要与自由放任的自由主义的代表人物辩争。

GWB 可以视为欧肯反垄断立法原则的实施。该原则是欧肯的监管原则之一。正如大卫·戈培尔（David Gerber）所言，这部法律的具体内容明确地反映了秩序自由主义的思想：“GWB 要求禁止卡特尔，因为秩序自由主义者长期以来一直强烈呼吁。该法律还包括各种旨在防止滥用经济权力的措施……法律的程序机制也是秩序自由主义式的（与美国的观念相去甚远）……在机制内设立了一个相对自治的办公室……执行法律，拒绝受理个人反垄断诉讼……”

戈培尔进一步认为，秩序自由主义在欧盟竞争法的制定过程中发挥了关键性的作用，从而迄今一直影响欧洲这个重要的政策领域。产生影响的一个重要标志是《罗马条约》（最初版本）第86条规定禁止滥用市场主导地位。戈培尔指出，在当时的其他欧洲竞争法（或美国反垄断法）中均没有出现过相应的概念。恩斯特–约阿希姆·梅斯特马克（Ernst-Joachim Mestmäcker）通过区分秩序自由主义学者有关竞争法的不同观点，支持了戈培尔的看法。

3. 秩序自由主义与欧元区危机

最近，秩序自由主义被指责影响了德国处理欧元区危机的方法，因为这种方法备受争议。指责的内容包括安格拉·默克尔政府在公共开支、结构改革和货币政策等问题上的立场。德国政府的立场是否可以视为遵循了秩序自由主义的观念？有关这个问题已经发表的重要文献包括贝克（Beck）和科茨（Kotz）、布里希（Biebricher）和福格尔曼（Vogelmann）、希恩（Hien）和耶尔格斯（Joerges）的论述。

我们认为，“欧洲的秩序自由主义”这一假设只适用于特定领域，应谨慎使用。例如，欧洲中央银行的独立性通常归因于遵循了秩序自由主义的货币稳定原则。尽管欧洲央行的货币政策可能有效对抗通胀，但是欧肯对中央银行独立却持明确反对意见。同样，欧肯也不赞同不惜代价地整顿财政。

另一方面，或许有人认为，德国的经济政策在更广泛的意义上受到了秩序自由主义的启发。正如大卫·舍费尔（David Schäfer）所证明的那样，在欧盟银行联盟的建设过程中，欧肯的责任原则对德国偏好的形成起了重要影响。

秩序自由主义在欧洲制度建构和政策制定过程发挥了什么作用？无论研究结论如何，当前的辩论无疑再度引起了人们对由欧肯和伯姆建立的德国传统的关注。

第二章
1936 年的秩序宣言：我们的任务①

作者：弗朗茨·伯姆
瓦尔特·欧肯
汉斯·格罗斯曼－德尔特

① Böhm, Franz, Walter Eucken, and Hans Großmann-Doerth. 1936. "Unsere Aufgabe." In Friedrich A. Lutz, Das Grundproblem der Geldverfassung. Stuttgart: Kohlhammer, pp. VII–XXI.

在今天，这样的批评随处可闻：法学和政治经济学已落后于形势，而且既无像样的贡献，也称不上有什么智慧。无视这样的批评，无异于仿佛未意识到情况的严重性。因为在德国，这两门学科对政治－法律以及经济基本决策已不再具有明显的影响。那些认为情况向来如此的人无疑是搞错了。法学和政治经济学也曾经是影响极大的构建力量——例如，曾对文明国家自 18 世纪末以来开展的法律和经济体系重建做出贡献。它们只是在 19 世纪和 20 世纪初期才逐渐丧失了引领地位。

经济学的式微

毫无疑问，这两门学科的式微已经导致了十分有害的后果。具有专业精神和不受经济利益干扰的科学家，是唯一能够就经济活动中错综复杂的相互关系提出客观、独立见解的人，因而他们的意见是经济决策的基础。他们也是唯一可以凭借对这些相互关系的深刻了解——随着新观念的充实而不断扩展和完善——做出客观判断的人。他们就特定情况下应采取何种经济措施提出的建议完全不涉及自身的经济利益，因而是客观的。

倘若科学家放弃或者被剥夺了发挥这一作用的权利，那么取而代之的便会是那些不大能够胜任、来自利益集团的顾问。这些人虽然是其专业领域某些具体方面的专家，但不具备评估整体经济关系的能力。此外，鉴于他们不可能不顾及自身的经济利益，因而不可避免地会将自己专业领域的利益与国家整体经济利益混为一谈。如果国家采纳了这些利益集团提出的建议，那么就政治、经济和法律问题做出的决策——基于对经济活动根本组织原则的准确了解、与经济体系相适应且因此体现出其重要性，将会被那些与系统经济分析结论背道而驰的决策所取代，致使管理良好的系统变得一片混乱。“今天整个世界都在见证，”阿尔布雷希特·福斯特曼（Albrecht Forstmann）于1935年写道，“毫无疑问，那些人采用方法的破产。他们声称可以通过从民营经济中获得的些许经验去解决最广泛的政治经济问题。”①

因而，我们认为法学和政治经济学精英最紧迫的任务，就是共同努力恢复这两门学科在国民生活中应有的地位。这样做不仅是为了学术，更重要的是，为了保障德国的经济利益。

但是，这个目标如何实现？为了恢复这两门学科原有的地位，什么是必须做的？答案就在这一系列文章之中。学术研究不能替代目前对这个问题进行的具体分析。这篇说明关注的不仅仅是应采取什么样的学术态度来完成这项任务。为了明确这一点，首先必须搞清楚，法学和政治经济学为什么不再能够指导德国民众的生活。

在 19 世纪，德国的法学和政治经济学受到了一个深入到所有科学和非科学领域的思想运动的影响，即：历史主义。尽管历史主义曾经屡屡遭到批判，但时至今日，其影响依然存在。历史主义远不仅是一个学术观点，而且也代表着一种特殊的学术态度。浪漫主义和历史主义学派摧毁了法学和政治经济学对自然体系的信仰。在它们完全合理地致力于理解现实和生活本身之时，必然会涉及性质不断

① Albrecht Forstmann, *Der Kampf um den Internationalen Handel*（Berlin: Haude & Spenersche Buchhandlung, 1935）.

变化的所有人类组织、观念和思想。而进化论观也渗入了这些学科领域。毋庸置疑，基于历史发展去理解法学和政治经济学极大地扩展了学科视野。这无疑应归功于弗里德里希·冯·萨维尼（Friedrich von Savigny）、弗里德里希·李斯特等人的努力。历史主义思想运动还使得这两门学科面临极大的危险。这种最初难以察觉的危险却日益加剧，而现在已经对其地位构成了严重威胁——威胁到了其生存。可以说，它们失去了理解现实的阿基米德支点。

“法律，”萨维尼指出，“与国家一同成长和发展，并且会随着国家最终失去其特定身份而消失。”① 法律应通过“内在的沉默力量，而不是立法者的酌情处理权”进一步发展。萨维尼通过这番话否认了职业立法者存在的必要——不论是在他的时代，还是在其他任何时代。

对“内在的沉默力量”的这种信心看似无害，但正如之后的种种事态发展所证明的，事实上却极其危险。在其基础之上滋生的相对主义和宿命论，决定了几代德国法律工作者的政治－法律态度，直至今天。

---

① Friedrich Carl von Savigny, *Vom Beruf unserer Zeit für Gesetzgebung und Rechtswissenshaft*, 1st edn, 1814. Reprint of the third Edition of 1840（Freiburg im Breisgau: J. C. B. Mohr [Paul Siebeck], 1892) pp.7 and 9.

相对主义和宿命论

法学历史主义逐渐失去了主导地位，只能观察法律性质的历史变迁，却不能继续深入，最终得出法律观念必须遵循法律本质的结论。因此，法律观念也具有了相对性，乃至于失去了尊严。萨维尼所谓的有权制定法律的“内在的沉默力量”，其本质在 19 世纪也发生了根本性变化。庞大的经济权力集团以史上最大规模成批涌现，并且完全单方面地制定法律。例如，这些利益集团为交货和付款创造条件的方式，致使针对广泛经济部门的“债权法”中的诸多重要条款失去了效用。除少数例外，法律和法律管辖权概念都屈从于这个极端有害的变化。那些技术娴熟的专业商务律师声称，管理经济关系的自创法律似乎是（不可避免地）基于历史发展，不但过去是，而且现在依然如此。但是，认为历史发展具有绝对性的法律制度，为什么不再承认任何根本标准？或者说，为什么这样的制度没有发现这种畸形的变化？面对这样的相对主义，科学家对法律的所有学理批判都变得毫无意义。

致使历史主义学派和法律社会学沦为牺牲品的另一个

危险是宿命论。在与自然权利支持者的论战中，萨维尼反复重申，法学家的观点和意愿受其人民的观点和生活条件及其时代的制约。历史证明，就此而言，他的部分看法是正确的——尽管只是部分。在法理学式微的年代，例如，在罗马帝国戴里克先时期，法学家确实无法展现任何创造力。但是在法理学昌盛之际，例如在公元1—2世纪，正是罗马的法学家塑造了他们时代的法律观念和制度，也塑造了他们的人民，从而对人民的生活状况产生了深刻的影响。

然而，弗里德里希·冯·萨维尼的法律宿命论，却与他自身时代的精神相吻合。特别是，对他那个时代的法学家而言，法律适应经济条件是不可避免的。当时的主流观点是："在任何特定时间生效的私法，作为管理公民之间私人相互关系的制度，时刻代表着主流社会的精神，反映着当时的经济状况"。[①] 政治学和法学学者的任务就是清楚地了解社会和经济的最新情况，然后就法律如何适应这些情况提出建议。但是，持宿命论态度的法学家所能做的就是

① Karl Geiler, "Die wirtschaftsrechtliche Methode im Gesellschaft", in Karl Predari, Franz Schlegelberger and Martin Wolff (eds), *Beträge zur Erläuterung des Deutschen Rechts*, new series 5 (Berlin: Franz Wahlen, 1927) p. 596.

让法律适应经济情况，而不认为自己有改变这些情况的能力。例如，帝国法院在 1897 年 2 月 4 日通过了一个象征性和具有宿命论意味的决议，将卡特尔组织的形成视为不可改变的事实而予以接受。根本没有人试图根据商业法规条款制定限制卡特尔的法律。相反，法院只是依据公司法裁决，因而致使经济权力集团事实上能够规避严格的宪法。公司法的颠覆，以及德国日后不得不承受的可怕后果，都是法学及其法理原则视“将接受经济发展现状作为基本原则”为理所当然导致的。

“资本主义在任何时候都能找到取得成功的方式和方法。De lege, praeter lagem et contra legem[①]。”维尔纳·桑巴特（Werner Sombart）用这句话——正如他经常做的，表达了在那些年代十分普遍的情绪。他是作为政治经济学家发表这番言论的。历史主义在德国亦渗透到了政治经济学领域，致使几代学者都持有宿命论和相对主义观点。更准确地说，在历史主义的政治经济学流派中，一些学者受宿命论影响更深，而另一些学者的观点则相对主义色彩更浓厚。然而在很多方面，他们的观点都有重叠之处。

---

① 在法律之中，或者尽管有法律，却在法律之外。

卡尔·马克思和宿命论

第一类学者从卡尔·马克思那里受到了更大的启发，尽管他绝对不是宿命论的创始人。马克思坚信现代社会的发展规律，在他的思想中，历史主义和自然主义是交织在一起的。正如马克思在《资本论》序言中指出的：

“一个社会即使探索到了本身运动的自然规律——本书的最终目的就是揭示现代社会的经济运动规律——它还是既不能跳过也不能用法令取消自然的发展阶段。但是它能缩短和减轻分娩的痛苦。”①

《资本论》旨在揭示资本主义的必然发展趋势，并促进这些趋势的发展，由此加速资本主义的灭亡——不论是科学还是政治都不曾获得更大的胜利。时至今日，宿命论很明显仍然是很多人的思想基础，直到并包括在 1933 年之前对年青一代具有强大影响力的“环形运动”(Tat-kreis)②。他

① Karl Marx, *Das Kapital*, Vol. 1. Preface to the first edition of 1867 (reprinted Berlin: Dietz Verlag, 1951) p.7–8. 译文摘自卡尔·马克思、弗里德里希·恩格斯:《马克思恩格斯全集》(第二十三卷)，中共中央马克思恩格斯列宁斯大林著作编译局译，北京：人民出版社，1972 年，第 11 页。

② 这是一个知识分子的组织，每月定期出版名为《行动》(*Die Tat*) 的刊物。该组织的成员是一些极端纳粹分子。

们主张尽早识别推动变革的新趋势的特征，然后等待，并为未来铺平道路。即使这个未来可能并不令人期待，却是唯一被认可的任务。这种历史宿命论使得人们变得谨小慎微，并对英雄人物唯命是从。例如，“预测哪一条是命运选择的道路”就被奥斯瓦尔德·斯宾格勒（Oswald Spengler）视为西方文明的终极伟大任务。宿命论和怀疑论的观点往往十分接近。这种根本性的态度，使得人们对抗导致不幸的事态发展的行动，或者是对某种理念的坚持，变得毫无意义甚至愚蠢。

历史常识使我们足以认清历史宿命论的本来面目：它是某些知识分子弱点的表现。由于感到自己的认知并不可靠，他们不再能鼓起勇气就事态发展提出指导性意见，只能扮演观察者的角色。他们在论证其观点的合理性之时，经常采用历史结构主义和教条主义的观点，而这两者都非常不切实际。更为重要的是，他们没有认识到，塑造历史的力量是如此多种多样。因此，宿命论者基于预测得出的结论点及其期望总是被证明是错误的，而且绝非偶然。

在他看来，整个社会、政治和精神生活都属于“上层建筑”。所以，马克思的影响远远不止局限于他的信徒。桑巴特写道：

“……现在我们必须认识到，政治事件一般不会决定经济发展过程。但（特别是）资本主义的发展，几乎完全独立于过去几个世纪的重大政治变革。”[①]

当然，从历史角度看，这个观点存在问题，体现了他对政治意愿影响力的不了解。例如，从拿破仑一世、海因里希·弗里德里希·卡尔·冯·施泰因帝国男爵（Reichsfreiherr vom Stein）[②] 和俾斯麦伯爵（Count von Bismarck）的时代直至第一次世界大战，不论是终止战争的和平条约、政府的结构性改革还是国内外的政治事件，都对经济发展进程产生了决定性的影响。然而，非教条且真正全面的历史观，是正确观察政治经济事件相互关系所必不可少的，也是领悟这种相互关系在不同时期、不同国家的不同形态之关键所在——取决于这些力量在政府，以及在经济领域中曾经或者仍然能够发挥多大作用。倾向于将事物任意简化的历史主义没有能力辨析上述情况。我们确实不能根据历史经验来评判历史主义的宿命论。但不幸的是，它致使科学无法成为一种有生力量。如果知识分子将一切都视为“必然

① Werner Sombart, *Der moderne Kapitalismus*, Vol. 2, 2nd ein（Munich and Leipzig: Duncker & Humboldt, 1917）p.4.

② 海因里希·弗里德里希·卡尔·冯·施泰因帝国男爵（1757—1831）曾任普鲁士首相，在 1807 年拿破仑一世战败后对普鲁士进行了全面改革。

发生的事物”，又何以对其加以塑造？

古斯塔夫·冯·施米勒的影响

正如前文所述，在政治经济学中，德国历史主义还发展出了另一个强大的分支，我们此前将其简称为“相对主义”。它的拥护者以古斯塔夫·冯·施米勒（Gustav von Schmoller）为首。施米勒直接或者通过他的学生，至今对德国广泛和重要领域的经济思想产生了持久的影响。施米勒的学术兴趣在于政治经济学和社会政策。他试图使政治经济学成为一种道德科学，因而重点关注劳动力、工业法规改革、住房和保护性关税问题。他不认为历史进程具有必然性，也不相信无法成功干预历史进程。施米勒反复呼吁国家进行干预，但显然无法满足其所处时代的要求。政治经济学在德国不再能作为建构性力量发挥作用，对此施米勒要负很大的责任。现在的问题是，这一切是如何发生的？

首先，1872 年施米勒和他的朋友在爱森纳赫（Eisenach）针对日益重要的劳动力问题开展了社会政策研究。劳动力问题仍然是他们与社会主流观点产生根本冲突的重大问题，因而对这个问题的讨论保障了他们的权利和影响力。他们的研究主题涵盖了整个社会制度。然而，他们质疑原则性问题的勇气很快就消失了。例如，施米勒在有关 1877 年工业法规改革的演讲中，特别提到了自由竞争问题。他的主要关切是如何避免做出触及原则的决定，强调每个问题都应根据其自身情况来决定。此时，根本性原则于他而言似乎只是一种教条，是一个会导致严重后果的错误。历史发展和历史事实的千差万别对他产生了极大的影响，乃至于作为一个现实主义者，他不得不坚持认为，必须避免做出大而化之的结论。在这一问题上，持此观点的并非只有他一人，在他所处的时代和我们的时代都是如此。普遍原则几乎在所有领域都被具体问题具体解决的做法所取代。因此，施米勒及其追随者认为，采取现实主义态度正是为制定现实的政策铺平道路。

事实上，他们是在摧毁政治经济学家以现实主义精神评判现实经济政策主要问题所依赖的基础。此外，他们涉及问题的范围也过于狭窄。施米勒及其学派对垄断形成的看法就是一个典型的例子。在 19 世纪最后的几十年中，垄断在德国经济体系中所占的比例越来越大。他们虽涉及了“垄断是否会摧毁整个经济体系”这一基础同时也是现实的问题，但没有深入探讨。否则，他们一定能认识到私人利益集团对经济的渗透意味着什么。认识到这一点，他们就可以提出可行的政治－经济措施，将整个讨论提升到另一个层次，并且能预见到之后显现的更为严重的后果。倘若做到了这一点，他们本可以发挥作为科学家的作用。然而，由于采取了纯粹（相对论的）机会主义态度，他们拒绝承认垄断存在的既定事实；回避了本质问题，将讨论局限于表面。因此必然的结果就是，在过去的 50 年里，垄断组织在德国如雨后春笋般涌现，但针对这一趋势提出的有益且强有力的质疑却寥寥无几。

准确地说，将科学研究与日常思考明确区分开来的，是提出问题的能力。历史主义学派既然不再能够提出根本性问题，那么，他们的看法基本上已无法超越日常的经验。

其次，尽管从未忽略持续性的变革，但在试图理解历史现实的过程中，施米勒不知道如何运用政治经济学的抽象思维工具。他没有认识到，要切实理解经济体系中的相互关系，除采用这种工具外别无他法。诚然，从他经常被引用的一些言论中可以看出，他对理论研究推崇备至，但重要的并不是这些陈述，而是研究本身。最糟糕的是，在他的引领下，德国政治经济学家忘记了如何运用和发展理论，忘记了如何做经济分析。因此，他们也忘记了如何理解经济体系的复杂运行。简而言之，他们脱离了现实——

犯的正是他们最憎恨的错误，因为现实并不是由互无关联的事件构成的。如此，德国就有了这样的经济学家（迄今仍屡见不鲜）：努力探寻经济现实，却不知如何着手；推崇理论研究，却不知如何进行；想引导经济发展，却不具备这个能力，因为不理解经济体系中的各种相互关系。一旦需要解决经济生活中诸如通货膨胀或转移支付等重大问题时，他们的政治经济学主张就注定要失败。

总的来说，施米勒的政治经济学忽视了相对主义并无站得住脚的依据。但不论出于有心还是无意，因为对总体发展具有普遍的信心，他对相对主义表示了支持。施米勒在其最重要的著作《一般国民经济学大纲》的结尾郑重表明了对进步的普遍信心："人类的身心和道德已经得到了无限的发展。"[①] 就此可以看出，作为那个时代的人，他低估了人类的邪恶欲望和自我本能，而这些是任何经济政策都必须考虑的因素。他相信，衰落的时代不过是未来发展进程中短暂的阶段，而没有认识到混乱局面可能导致的危险后果。归根结底，所有的机会主义都可以通过对进步的根本信念加以解释。根据这种信念，经济制度和经济进程的实

① Gustav Schmoller, *Grundriss der Allgemeinen Volkswirtschaftslehre*, Part II, 2nd edn（Munich and Leipzig: Duncker & Humboldt, 1923）p.774.

际发展最终并且必然带来更好的明天。

德国的法学和政治经济学也曾出现类似的状况，并且依然如此。在历史主义被广泛接受之时，法学和政治经济学失去了立足之地。法律观念和真理观念正在成为相对的概念，适应着不断变化的事实和认知。因此，法学和政治经济学都不再是智慧和道德的力量，不再能阐发独立的见解，致使经济权力集团得以不断成功追求自身利益。科学观念不再能够经由大学逐渐传播至更广泛的人群，例如法官、行政官员，以及其他开始受到学者们机会主义和非根本性态度影响的人。法学和政治经济学只有在抵制历史主义之时，才能表现出自信和效用。必须再度强调的是，这两门学科在德国受到的批判部分源于历史主义精神，因而这种批判毫无价值。

我们的计划

摆在我们面前的任务可以定义为进行批判性分析。为了使法学和经济学重新获得其本应拥有的地位，我们需要做的就是使自己的批判成为一种积极的力量，并且清楚地制定工作原则。

第一，我们意识到，认为理性思维与创造性行动的对立不可调和的观念，会阻碍我们的研究并最终导致目标无法实现。自弗里德里希·威廉·尼采提出超人和创造性本能学说以来，这一观念变得日益流行。尼采希望人能够英勇地采取“无知且无耻的”行动。但是，如果一个人全然没有理性，必然会屈从于自身的邪恶欲望。

认为理性思维与创造性行动对立的观念是完全错误的，也没有历史根基，因而必定会导致灾难性后果。假如让腓特烈大帝（Frederick the Great）来评判，他肯定会将“政治家或将军可能将事情看得过分清楚”这样的观点斥责为一派胡言。事实上，每当他未将事情彻底搞清或考虑周全因果关系，定会遇到麻烦。世界军事和政治史上的重要人物皆是如此。他们之所以伟大，正是因为他们以非理性的意志力量和理性的力量克服了种种似乎是难以应对的困难。只有内心软弱的人才会视理性为威胁，才会因此而失去自信、变得分裂，并且出于对世界中既定事实和原因的恐惧，盲目地陷于非理性和狂热之中。然而，内心强大的人在意识到自己有能力以理性的光芒照亮周围的黑暗世界并行使权力之时，会感到自己的力量愈加充沛。以这种基于历史经验的信念作为出发点，我们希望将科学论证——正如法学和政治经济学所展示的那样——应用于经济体系的建设和重组之中。

第二，我们反对历史主义，正如上文详细论述过的，是因为其相对主义和不负责任的态度不符合我们的根本原则——包括将个体经济问题视为更大整体的组成部分。因为经济体系中的所有部门都紧密地联系在一起，所以公正解决问题的唯一途径是采取根本性措施。所有的现实政治 – 法律和政治 – 经济问题，都必须以经济法的思想为指导。通过这种方式，便能够克服相对主义的不稳定性和宿命论对现实的屈从。

第三，彻底否定历史主义——彻头彻尾不可救药，并不意味着我们漠视历史事实本身。唯有通过根本性问题去探索历史，我们才能够更好地了解历史，而且比历史主义更深入地领悟和学习历史。过去几十年和几个世纪的历史经验应当成为我们的出发点。“那些不愿意了解历史的人，历史也将与其无关。”

我们必须吹散意识形态的层层迷雾，去探讨研究主题的构成因素和要求。经济预言家和教条主义者的意识形态违背了现实，而创造性思想拒绝受理性的控制，这两者与其经常涉及的利益集团的意识形态同样不可行。概念炒作在法学和政治经济学中起了重要的作用，在今天更是如此。

这将导致灾难性的后果，因为它们会诱导我们采取教条主义和不切实际的态度。我们应当研究的是事实，而不是法律或经济概念，需要解决的也是非常现实的问题。我们这个研究领域比其他领域更需要克服的是对现实的恐惧——被俾斯麦嗤之以鼻。将现实主义和根本性思想结合在一起，就能够理解和解决经济体系的问题，尽管可能非常困难。

第四，经济法必须被视为一个总体性的政治决定，比如如何构建国家的经济生活。只要坚持这一点，就能够提供真实可靠、明确无误的规则，用以解释公法或私法中多方面的问题。这不仅适用于基本法，而且特别适用于与经济问题相关的特别法。例如，迄今为止，破产法仍主要被视为一种程序法。然而，这个看法无疑是片面的，并且没有体现法律的全部精神。相反，绝对有必要将破产法视为经济法的一部分，而且是很重要的一部分。经济法决定何时、以何种方式将企业从现行的交换经济中清除出去。理解了经济体系的结构性原则，才能理解破产法，而破产法的条款和实施反过来对于经济法的整体运作、生产的监管都至关重要。债权法、房地产法、家庭法、劳动法、行政法，以及经济法其他部分的情况亦是如此。在进一步的立法过程中，经济法的基本思想同样必须铭记于心。

然而，律师必须借鉴经济研究成果，才能解决在理解和起草经济法法律文书过程中遇到的问题。例如，法律执业者或法学家在处理不正当竞争的问题时，仅从商业伦理角度出发，或者仅根据“公平正义”原则就判定一方行为合法而另一方行为不合法，显然是不够的。相反，尤其是在上述例子中，他们必须依据经济法条款去推断问题，因为自由竞争对当前的德国经济来说是基本的结构性原则。自由竞争不得以所谓的不正当行为的错误理由终止。当然，也不能允许情况恶化成不正当竞争。如何区分不正当竞争和合法竞争、是否存在自由竞争、竞争是否受到限制、是有效性竞争还是阻碍性竞争、降价举措是否与经济制度的原则相矛盾，所有这些都只能根据经济学家对各种市场状况进行调查的结果来决定。经济学和法学的合作显然必不可少，但在这方面还有很大改善余地。

对单一学科专业化的批评已经过时，因为解决这个问题的强大力量在各个领域都发挥着作用。事实上，它们针对的是各个学科自身的问题，而不是其无用的方法论，因而将各个学科共同发挥作用的水平提升到了一个新的高度。今日，物理学、化学、矿物学、生物学和其他自然科学已不再相互独立。恰恰相反，生物学家必须采用化学的方法和研究成果，而矿物学家和化学家也必须采用物理学的方法和研究成果。在人文科学的广泛领域，单一学科都处于相互协调的过程之中。将人文科学划分为政治、经济、思想、宗教和艺术已被证明是站不住脚的。历史学家对历史的研究越深入，就越需要听取人们对历史的普遍看法。法学和经济学在很多方面也同样处于相互协调的过程中。解决我们在论文集中讨论的问题，需要综合采用这两门学科的推理和研究方法，而并非如伊曼纽尔·康德所言，让“它们的边界相互融合”。康德认为这“不是传播科学，而是破坏科学”的观点却是正确的。若要获得研究成果，法学和经济学就必须保持各自的特性；但在必要之时，两者仍需要结合在一起。我们希望大家能采用同样的方式，秉持真正的科学精神来从事研究。

第三章
什么样的经济和社会系统？[①]

作者：瓦尔特·欧肯

① Eucken, Walter. 1948. "Das ordnungspolitische Problem." ORDO 1: 56–90.

工业化国家经济制度的规范性原则，最好能够获得这些原则应用在小型自给经济体中的相同效果。小型自给经济体的领导人对其治理范围内的经济活动了然于心，并能评估这些活动的效果，还能够发号施令，以确保所有生产要素得以最佳利用。

经济体制的特点

小型封闭式自给经济体的领导人在考虑如何最大限度地利用几立方米木材时，会考察木材在不同用途中的重要性：建马厩、造推车或用作木柴。但他的决策必须从经济的总需求出发。如果经济体系中某一部分失调，他的决定就可能随之改变。例如，冬季发生了自然灾害，春季就需要投入更多人手去弥补损失，如此势必影响其他方面可用劳动力的数量。小型自给经济体的领导人知晓经济的现实情况，因而能做出相应的决策。显而易见，在此类经济体中，所有经济活动都是相互依存的。

在工业化经济体中同样存在相互依存关系。但在这些经济体中，没有人能够掌握所有经济活动完整的最新信息，也无法直接适时地做出所需的调整。那么我们的问题就是：工业化经济体是如何指导和调控其经济活动的？这个目标是否难以实现？随着以劳动分工为基础的技术经济的发展，人们或许会认为这个问题根本无法解决。

此类经济体需要的是度量稀缺性的手段，即先使用度量仪或计算器判断哪些货物供不应求，再指导企业综合利用生产要素制造所需物品。这一功能可以通过价格实现。制造商在拍卖会上购买木材用于制造产品时，如果对该产品的价格已经心中有数，就可以相应地调整购买价格。这样的过程在能够根据市场价格做出决策的企业和家庭中不断重复。

价格制定方式会因市场类型和现行货币体系的不同而各异。那么，价格体系在何种情况下能够成为有效的“稀缺性度量手段”？如果确实存在稀缺，中央政府部门能否为企业的生产计划提供指导性意见？“稀缺性度量手段”在由中央调控的经济体中能否派上用场，这两种调控手段又能否结合使用？对由中央调控的经济体而言，什么样的“计算器”是必要的？这些都是经济政策中的重要问题。

每个人在日常活动中都会不断地评估自己的行为，并衡量其对满足自身需求的重要性。通过这种方式，经济活动被赋予了方向和意义。倘若无法做到，那么所有活动都是盲目和缺乏一致性的。在自给经济体中，如果每个人都各行其是——有人在田间劳作，有人待在花园里，等等，那么一个人的活动就无法与他人的活动协调一致。而如果没有度量稀缺性的手段，那么劳动分工便不复存在，货物供应也会随之停止。在以劳动分工为基础的工业化经济体中，情况也完全相同。如果该经济体不具备有效的“稀缺性度量手段”，尽管经济活动仍能继续，但由于缺乏协调，就无法顺利解决稀缺问题。联邦德国在1946年和1947年的情况就说明了这一点。

事实证明，无论是在鲁滨孙·克鲁索经济体[①]、小型自给经济体还是大型工业化经济体中，所有经济活动都相互联系，没有独立存在的部门。即使在大型工业化经济体中，

① 鲁滨孙·克鲁索经济体（Robinson Crusoe economy）：借用18世纪英国著名作家笛福小说主人公的名字，意为只有一个生产者的经济。——译者注

也没有完全独立的部门。由于每一单位劳动和每台生产设备的使用都相互关联，林业、农业、工业、贸易等部门都不可分割地联系在一起。在自给经济体中通过领导人的努力而实现的整体性，在工业化经济体中则需要通过经济制度来实现。因此，每项经济政策措施只有置于整个经济体系的框架之中才有意义。经济体系必须以合理的方式充分调控整个经济过程。为了做到这一点，有必要使它的各个组成部分相互补充，无论是国家制定的政策——如贸易政策、价格政策和信贷政策，还是习惯性安排。

为佐证上述观点，这里举一个农业部门的例子。众所周知，农业危机并不一定是由农业事件导致的，汇率和工业垄断也可能是原因。农业政策更是如此。如果只希望借助农业政策工具来解决问题，就会忽视上述关系。每个部门都应被视为同一经济体系中的一个部分。另举一例，如果公司法允许公司利用有限责任的优势获利，投资就会受到极大影响。同样，如果每项专利授权都在鼓励垄断，势必影响投资的力度和方向，从而对经济过程造成影响。

因为经济机制之间存在互联关系，所以有必要将每一项经济政策置于总体经济过程和经济调控手段的背景下观察。例如，外汇法或价格调控指令可能改变原材料的分配方式，进而影响整个经济体系。然而，同样的经济政策在不同的经济体系中可能产生不同的效果。为了更广泛地分配经济权力，联邦德国在 1947 年通过了解散卡特尔和拆分大公司的法律。当时的经济控制权大部分集中在中央政府部门。在这样的经济体制之下，阻止工业兼并的努力必然无效。解散煤炭、钢铁、水泥和皮革等行业中的卡特尔或大型公司，供应会发生什么变化？不会发生任何变化。因为这些产品在有关解散的法律颁布之前和之后都是由中央政府部门进行分配的，经济调控基本保持不变。但是，如果 1947 年的联邦德国拥有不同的经济体系，中央行政部门不履行经济调控职能，而是通过价格进行调控，那么反垄断法将会产生极为不同的效果。

这一观点可以运用在更多方面。由于所有经济事件都相互关联，并且在不同的经济体系中有不同的进程，那么每个经济政策手段的效果在不同的经济体系中也会有所不同。但是，所有政策手段都应服务于维持或建立有效经济体系的目标，从而对经济进行充分管理。

许多专家认为，制定部门经济政策唯一可行的办法是考虑该部门的切实需要。例如，制定农业政策必须基于农业专家的经验，而公司法必须与发行股本公司的最新经验相符。专业知识固然必要，但还远远不够。因为对特定部门实行特殊政策的策略，忽略了经济生活中的基本事实。现实可行的办法是，将农业政策、公司法等视为整体经济制度的组成部分。

然而，保持对经济体系的全面调控并非易事。难免会发生的错误主要有两种类型，但其中只有自工业化开始以来就与我们相伴随的大萧条和危机备受关注。农业和工业部门的有效需求不足会导致失业、设备闲置和原材料大量积压。因此，一方面紧急需求未得到满足，另一方面劳动力却被闲置，生产能力也未被充分调动。经济调控体系显然没有正常运作。这就是 19 世纪和 20 世纪初经济调控失败的典型情况，而当时的经济学家和舆论的主要关注点是由它引起的问题。

经济调控失败的第二种类型，在过去的几十年里变得日益重要，需要特别警惕。虽然劳动力充分就业，但经济体系中出现的某些瓶颈导致了各种短缺：汽油、煤炭或化学必需品等原材料供应不足；应对这种短缺的调控不稳定或不全面；未根据其类型和数量适当调整商品生产，生产未能根据需求调整，导致供不应求。

就业不足明显属于第一种类型的调控不足，而供不应求属于第二种。1929—1932 年的世界经济危机属于第一种类型，一些西欧和中欧国家在 1945—1947 年陷入的经济困境属于第二种类型。在这样的时期，当经济调控机制严重紊乱时，主要是通过分工形成的专业优势变得更加不明显。于是，人们试图通过易物交换或自行生产来满足所需。人均产值迅速下降、经济过程瓦解，于是经济体系又回归到了一个更原始的状态。

然而，以上只是概述了调控不力的影响，以及两种运行欠佳的经济体系。调控不力的后果分别体现在这两种经济体系的不同方面。没有哪一次危机或衰退与另一次相同。比较 1907 年和 1929—1932 年的危机就会发现，在第二种类型中可能出现这些情况：非重要商品供应充足，而必需品却生产不足或根本未生产；现有煤炭库存分配不当；劳动力从需要的地方转移出去。在许多国家出现的令人沮丧的国际收支逆差，同样也是其整体经济调控机制运行不力的结果，只能通过调控机制改革来解决问题。

接下来必须面对的问题就是，如何令人满意地组织经济生活？然而，这个政策问题并不仅仅是经济原因导致的。

经济结构与宪法

假设一个现代国家依据宪法建立了强调联邦特色的政府。由于战争，这个国家改变了经济体制，经济调控由中央政府部门负责。更为重要的是，由于每个州的规模过小而无法完成自身的调控，于是成立了联邦政府部门，将整个联邦的经济进程紧密地联系在一起。联邦政府部门将原材料和劳动力直接分配给企业，监督工农业生产计划的实施，并决定食品、纺织品和鞋等商品的供应量。

表面上，这个国家实行的仍然是联邦制，但实际上中央政府占据了主导地位，每个人的生存都要取决于位于首都的中央经济部门。这些中央政府部门决定劳动力的使用方式、消费品供应和日常经济生活的安排。由于中央政府部门掌握了经济体系的控制权，旨在分权的联邦宪法在未发生政府更迭的情况下便失去了效用。这就说明经济控制形式是如何影响宪法地位的。

以议会民主制国家为例。它的经济体系随着时间的推移而不断变化。通过竞争性市场和竞争性定价，日常生产的调控权越来越多地转移到垄断和部分垄断的权力集团手中——如煤炭开采、钢铁和制铝工业等。当这些情况出现时，民主的特征便逐渐改变。市场如果存在竞争，经济利益当然可以由议会通过征求选民意见来维护，例如农民的意见就影响了许多议员的行为。但是在新形势下，垄断企业凭借其经济力量对政治施加了更大的影响。国家宪法虽然未修改，但政府的决策过程随着经济力量的转移而发生了变化。这种变化接着可能导致中央政府机构掌控经济调控权的现象，即中央政府机构通过计划、指令和资源配置，越来越多地干预企业和家庭的日常经济活动。在此情况下，议会民主是否有可能维持？由于每天必须做出的经济决策不但数量巨大而且繁杂，议会不得不颁布法令和大量条款，将权力委托给行政当局。于是，政府便拥有管理国家的权力，并导致了一个新的问题：中央政府部门在经济决策中的优势地位是否会打破权力平衡？在现代社会，一个国家如果不考虑其现行的经济体制，那么修改宪法就毫无意义。事实上，将互不相容的政府控制和经济制度写入同一部国家宪法的情况并不少见。

法律制度也存在相同的问题。必须考虑的是，在多大程度上法治国家能与由中央掌控程度最深的经济工作职能（控制劳动力和商品流通）相容？如果流动性和经济自由受到限制或被剥夺，那么就很难想象人的基本权利能够得到保障。在这样的经济体系中是否存在基本的权利？如果存在，又是哪些权利？同时，还要考虑特定经济权力集团对法律制度的影响。此外还必须考虑，由各类经济权力集团制定的规章制度——旨在控制它们之间的活动，是否有取代成文法的倾向？这些“自行制定”的法律在多大程度上改变了法律秩序？对现代工业化社会来说，这些都是至关重要的问题。不考虑这些，就不可能理性地讨论法治国家的问题。

自法国大革命和工业化开始之后，欧洲历史悠久的社会结构已被摧毁。那么，在欧洲或者其他正在工业化的国家中是否会形成一种新的社会结构？简单地说，这将取决于正在形成中的经济体制。经济体制是所有控制日常经济活动的制度安排的总和，这些制度安排与社会结构密切相关。例如，统治阶级的形态和构成在中央集权体制中将不同于竞争性体制。在中央集权体制中，中央政府机构的领导人在统治阶级中具有重要的影响力，但在竞争性体制中却没有。领导人的选拔在两种体制中也有所不同，因此社会结构具有不同特点。由于经济体制的不同安排，社会体系中的私营部门也具有不同的特征。例如，在由中央政府部门掌控的经济体制中，农业合作社是中央政府的工具，其功能是完成政府制订的生产计划，而农民在基层自发组建的农业合作社则有完全不同的功能。此外，在没有中央政府部门的经济体制中，组建合作社恰恰是为了鼓励农场主自主经营。那些想组建合作社的人应当考虑清楚，以何种方式管理经济事务才与自己的目标相一致。组建工会也是如此。

千万不要错误地将经济体制视为一个次级结构，而社会、政府、法律和其他制度都建立在其基础之上。正如早期历史昭示的，现代历史清楚地告诉我们，政府和法律制度对经济体制的形成也产生了影响。1945 年后德国被占领期间，东西两部分由于政治制度的不同，采取了极为不同的经济调控方式。前文提到，垄断权力集团给经济体制带来的改变，对国家决策产生了重大影响。与此同时，国家制定的专利、贸易和税收等政策也会促进垄断的形成。这种情况近期时有发生。国家首先鼓励民营经济增强实力，然后部分依赖于它。因此，在经济体系内便产生了相互依存关系。但是，这种相互依存的确切形式存在问题。

经济制度和社会制度之间也存在相互依存关系。不仅经济调控手段塑造了社会结构，社会结构也会影响经济调控。经验表明，根基深厚且具有独立性的农民阶级会对中央政府部门的农业产出调控构成相当大的阻力。农民想要实行自己的计划，必然会反对中央对经济的控制。

“制度相互依存”是现实生活，特别是现代生活中的一个重要事实。认识这一点，是了解当前经济政策、法律和政府政策问题的前提。含糊其词地谈论“政治决定经济”或者“经济决定政治”并无意义。我们需要详细了解的是，不同类型的制度以及它们之间的相互关系。

终极目标：自由

自由精神促进了工业化，然而，工业化反过来却对自由构成了严重威胁。自由的理想曾经是工业化的一个组成部分，但在目前情况下却是危险的。事态的发展令人不可思议：先是奋不顾身地奔向自由，接着又退回到奴役状态。

对18世纪和19世纪初的先进知识分子而言，自由不仅仅是经济学和政治学问题。自由不但是一种主义或一个普遍性原则，而且是人类生存的唯一可能形式。没有自由，便没有自主行为，人就不能成为“人”。自由是这一时期伟大哲学家所有道德思想的基础，因而在需要决策时，只有那些拥有自由思想和行动自由的人才能自主选择。所有道德思想的形而上学障碍就是对自由的否定。[①]拥有自主决策能力的人才会承认和遵守有约束力的道德秩序。唯有自由的人在自觉观察和思考时，才能接近真理。因为他遵循的是逻辑规律，而不是外部权威或其他力量强加的主张。唯有自由的人能够发展。法律的责任是保障自由，而经济政策应当带来的是人类希望获得的自由和自然秩序。

正如同没有人无视自己的自由一样，也不能无视他人的自由。于是，在承认他人自由的同时，每个人都会发现自身的自由受到了限制。为了尊重他人的自由，必须践行人道主义。应当正确地理解自由、人道主义和法定权利是彼此依存、不可分割的。

人是自由的还是被自然或历史束缚，以及自由如何实现？这是 18 世纪那场伟大的思想运动关心的基本问题。对这个问题的强烈兴趣使那个时代的大部分重要的哲学家都倾毕生精力去探讨。然而，自由理念后来却成为历史上一个重要的破坏性力量。总体而言，这个理念改变了国家、

① 引自德国著名哲学家伊曼纽尔·康德。

法律、经济、教育和人民的生活。

近年来，争取自由或者说旨在将人类从“自身的不成熟”（再次引用伊曼纽尔·康德的话）中解放出来的运动日渐式微。而且，对自由的威胁首先出现在经济领域。农民摆脱了封建领主的奴役，像社会其他阶层一样获得了行动自由。通过经济自由——合同自由、贸易自由和无数传统义务的免除，自由经济人的强大力量得以释放，为机械化和工业化铺平了道路。然而,对自由的新的限制很快便出现了。例如，工厂工人开始依赖垄断了当地劳动力市场用工需求的工厂主。尽管各种形式的官方特权已消失，但在19世纪又迅速地被对自由构成威胁的私人权力集团——工厂主——取代。如前所述,工厂主垄断了劳动力市场的用工需求。接着,财团、大型联合企业和信托公司相继出现。企业家获得了市场和公司的经营权，并凭借这种权力对经济和社会施加压力。因此，许多人成为现代私有权力结构的依赖者。个体在面对那个庞大、无名的专横机器时，不得不依赖。私有经济权力——譬如土地所有者手中的权力——取代了官方权力。自由常被视为一个人压制他人自由的权力。私人权力限制了许多人的自由，并导致了依赖。这大体上就是19世纪的社会问题。

这一发展的第二个阶段出现在经济一体化和国家转型并行的 20 世纪。因此，自由面临着更为严重的威胁，社会问题也以新的形式出现。对现代工业化经济体的控制落到了国家手中，形成了威胁个体的中央集权。在许多国家中，经济权力是与国家权力结合在一起的。人们的日常活动被记录、检查，并由政府部门正式监督。在哪里工作、从事什么工作、住在哪里和需要多少消费品——如果有需求的话——都由国家决定和进行分配。在这些情况下，哪里还有自由的空间？国家监督和控制着经济生活，部分或完全操控着巨大的经济机器。无论是官僚阶层还是受其控制的群体，都成为被国家操控的无名经济机器的一小部分。人被物化，失去了作为人的特性。机器本身就是目的，而人成为达到目的的手段。

然而，这一发展本身并没有因其对自由构成了威胁而承担责任。激烈的思想运动朝着同一个方向发展，首当其冲的便是现代虚无主义。否定了人的本质，那么自由又有何意义？与在现代工业化、由技术官僚统治的国家中出现的新力量相比，17—18 世纪那些限制自由的力量便显得微不足道。因为经济权力和政治权力是结合在一起的，所以社会问题应当从不同角度来审视。关注重点也不再是拥有经济权力的私人雇主占据的优势，而是通过强制劳动和消费品分配占据了主导地位的国家，以及所有经济生活对它的依赖。国家也经常涉足私有权力集团。这种情况在各个国家程度有所不同，但危险是普遍的。农奴制和奴隶制的新形式正在形成，自由再次需要捍卫。

这些现代的发展被与罗马帝国的兴衰进行了恰当的比较。罗马帝国把税率提升至极高的水平，强制农民和工匠进行交易、逼迫他们完成某些任务，而且控制了定价权和城乡的经济活动。帝国由国家的农奴和奴隶构成，因而导致了衰亡。古代社会是否走的正是当今欧洲和世界其他国家正在踏上的道路呢？过去和现在的情况确实不同，但正是这些不同导致了更大的危险。如今，国家拥有更为众多、密集的人口，更重要的是，拥有一台由技术官僚掌控的机器——代表着统治手段和前所未有的权力。那些对此视而不见，认为自由是一种"中产阶级偏见"的人，并没有认识到它关系到人之所以为人的问题。

过去，根本问题一旦出现，自由便会面临严重威胁。20 世纪的根本问题十分明确：经济权力进一步集中到国家手中，中央政府部门对经济活动的直接控制越来越多地剥夺了人民的自由。然而，如何重建一个更为自由的经济体系呢?不可否认的是,私权集团可能再次利用其享有的自由,限制工人、雇员、商人或竞争对手的独立和自由。如同为了躲避卡律布狄斯[①],但却落入了斯库拉手中一样难逃厄运。在工业化经济体中,个人自由真的可能维护吗?

至此,我们又回到了经济制度的问题,因为经济调控类型决定了个人自由的范围及个人管理自身事务的权力。由中央政府部门还是由依照自身计划行事的私人或半国有权力集团以及为数众多的家庭和企业控制经济进程,在决定人们在日常生活中拥有多大自由至关重要。现代社会的自由问题与对经济过程的调控密切相关。在明确什么样的制度能够保障自由的同时,也要防止滥用自由赋予的权力。是否可以通过限定个人自由的方式来保障他人的自由呢?依赖分工的大型组织,现在已成为支撑人口规模的必要条件。问题在于找到一种经济体制,在其中个人不只是实现目的的手段或者机器的一小部分。

---

① 卡律布狄斯(Charybdis):海王波塞冬与大地女神该亚之女,希腊神话中坐落在女海妖斯库拉(Scylla)隔壁的大漩涡怪,能吞噬所有经过的东西,包括船只。——译者注

经济活动的调控

通过“秩序政策”（Ordnungspolitik）[1] 调控现代经济进程中出现的问题，就像一座每一面都在上升的高山，难以面面俱到。考虑三种不同的实际情况，得出的结论都是经济体制的调控至关重要。可以说，这是我们这个时代的核心问题。

判断经济政策建议或已决定的政策措施的标准很清楚。第一个标准有关经济政策的执行方式，例如，一个行业的国有化是否有利于对经济活动的调控；第二个标准有关经济政策如何影响社会制度、行政制度和其他制度；第三个标准则有关经济政策如何对人民的自由产生影响。（有些人对自由漠不关心，将权力视为解决问题的万能钥匙和目标。即便如此，他们也无法避免有效调控经济活动——基于劳动分工——的问题。）

但这并不意味着，可以通过一项仅针对经济制度的政

① Ordnungspolitik 可译为“秩序政策”，特指为了使市场有效、公平地运转，政府需要进行干预的力度。在宪法的经济条款中对此类干预做了明确界定。

策来解决所有人类制度安排造成的问题，或者泛泛地说，人类的所有问题。可以肯定的是，如果不能成功地调控日常经济活动，那么任何思想、宗教或政治运动都不能解决这些问题。对认为经济制度问题可以凭借感觉和激情来解决的主张，应当加以提防。如上所述，首先并且最重要的是，这是一个实际的经济问题。

对大多数人而言，无论经济体制对他们的福祉有多么重要，其基本特征依然是模糊不清的。只有少数掌权者才了解这些问题，但即便是他们也不十分清楚经济调控究竟意味着什么。这与技术科学领域的情况极为不同，因为在该领域中有足够多的专家能够识别外行无法发现的各种联系。所以令人吃惊的是，除了极少数例外，掌权者并不了解或只是部分了解经济政策的真正目标。这一点至关重要，因为在所有体系中，经济政策归根结底都是由掌权者决定的。

可以说，经济政策思想的发展掩盖了经济制度的问题。而经验表明，从长远看，实际的政策行为都取决于这些思想。

第一，古典经济学家的思想在工业化国家最初发挥了塑造性的影响。他们的思想实际上在工业化之前就产生了影响，虽然不断减弱，但一直持续到了20世纪。古典经济学家清楚地认识到，对以劳动分工为基础的经济进行调控，任务不但艰巨而且复杂。这个认识本身就是一个了不起的成就。同时他们也看到，只有建立合理的经济制度，才能解决这一问题。这一新认识也很重要，但后来同样在很大程度上被遗忘了。虽然经济政策受到古典经济学家的影响，但经济制度的问题并未引起足够的重视。他们认为：解决经济调控问题要靠“自然”秩序——由竞争性价格自动调节整个过程；自然秩序会自发形成，不需要社会“特殊培育”——在自然秩序之上构建一种经济制度。由于对自然秩序自发形成期望过高，他们决定采取为经济调控留下很大想象空间的“自由放任政策”。

第二，必须思考对工人的剥削是如何发生的。卡尔·马克思提出了这个问题，并对所谓的“资本主义”社会的经济调控进行了分析。马克思认为，对劳动者的剥削只能通过社会进化来消灭，即通过自然力量来解决。时间将不可避免地逐渐消灭剥削和阶级斗争，并建立起“这样一个联合体，在那里，每个人的自由发展是一切人的自由发展的条件”。在这个所有权共享的联合体中如何进行调控，对他而言并不是问题。不可避免的进化过程将解决诸如此类的问题。因此，卡尔·马克思把这些问题留给了时间，不再受此困扰。例如，在他的著述中并没有讨论过“稀缺性度量手段”如何融入经济制度的问题。后来，他的追随者们意识到了这个问题。

第三，如今许多国家事实上都实行了以针对特殊问题为主导的经济政策。这种“头痛医头”的思维方式或许掩盖了经济制度的问题，使人们无法认识到作为一个整体的所有经济活动之间的相互依存关系。货币、卡特尔、贸易和小企业政策等，都被视为需要特别应对的独立专业领域。

这种思想态度有悠久的历史渊源。在系统思维能力降低的情况下，思想和行动便只能针对特殊问题。此外，现今的许多国家，影响经济政策制定的政府官员和经济权力集团的领导人，都很自然地持有特殊问题特殊对待的思想。

每个领导只管理自己负责的部门——例如外汇部门、纺织部门——而每个人只熟悉自己的专业领域。几乎没有人哪怕是粗浅地认识到，纺织业卡特尔政策或者外汇管制指令会对整体经济产生影响。此外，还出现了工业权力团体要求提高进口关税或形成强制性卡特尔、工人组织要求加薪、农业部门希望保持价格稳定等现象。因此，整体经济以及经济调控效果，是这些群体无法解决的全局问题。

那么，可以任意组装各种铸件、轮子和管道的机器由谁来建造？没有人。这部机器作为一个整体，有特制的结构。而且，既然它是为特定目标设计的，所有部件就必须以特定的方式组装在一起。经济体制也是一种特制的结构，尽管属于完全不同的类型。如果以针对特殊问题的方式实施经济政策，那么政府的行为就与任意组装金属零部件的人没有什么不同。经济政策由各自独立、互不相容的部分组成，因而无法生成任何有意义的组合。例如，许多国家既制定了鼓励工业集中的公司法，又制定了与之相悖的卡特尔政策和小企业政策。

1945年以来，许多国家都把国际收支平衡当作主要任务。在这个过程中，它们经常以针对特殊问题的方式行事。为了弥补所谓的赤字，它们限制进口、采用特殊手段鼓励出口，并寻求国外贷款。与此同时，公共财政政策、信贷政策、工资政策和价格政策，似乎都在以一种与国际收支无关的方式实施，就好像由政府财政预算赤字或低利率政策导致的货币购买力的增长不会提升一国的购买力，也不会导致出口变得更加困难、进口增加的后果一样。换句话说，这将扰乱国际收支平衡。国际收支与国内外所有经济活动都是相互依存的，国际收支平衡并不是一个孤立的特殊问题。只有所有国家的所有经济活动都得到充分控制，这种平衡才可能实现。

总而言之，对自然秩序自发形成和进化过程必然实现的信心，以及采取就事论事方式制定政策的事实，共同支持了不把建立和完善经济制度作为基本任务的观点。与之相反，事实上还存在其他更为重要的问题，概述如下。

私有制还是集体所有制

一直以来，所有权问题都被认为是经济和社会政策的根本问题。18 世纪末到 20 世纪初，对经济政策的思考徘徊在私有制和集体所有制这两种不同的制度假设之间。在这个问题上，与在其他方面一样，让－雅克·卢梭对后世有着深远的影响。卢梭认为，私有制是一种不自然的安排，它造成人与人之间的不平等,从而对自由构成威胁。在卡尔·马克思之前和之后，有许多人据此推断，通过将生产资料所有权转移到集体手中，人类社会的主要问题将得以解决。

“从资本主义生产方式产生的资本主义占有方式，从而资本主义的私有制，是对个人的、以自己劳动为基础的私有制的第一个否定。但资本主义生产由于自然过程的必然性，造成了对自身的否定。这是否定的否定。这种否定不是重新建立私有制，而是在资本主义时代的成就的基础上，也就是说，在协作和对土地及靠劳动本身生产的生产资料的共同占有的基础上，重新建立个人所有制……资本主义私有制的丧钟就要响了。剥夺者就要被剥夺了。”①

所有权问题在 19 世纪和 20 世纪初如此受重视是可以理解的。当时，权力的集中主要是与私人所有制联系在一起的。基于所有权的私人权力用来对抗工人、顾客和竞争对手。因此很容易得出这样的结论：废除私有制将消灭剥削和权力集中，从而解决社会问题。例如，卡尔·马克思在英国第一次工业革命期间就有了这个想法。与此同时，经过 100 年的工业化，国家发生了变化。在此期间，私有财产向集体所有制转移，但并没有建立一个人人自由、人人都能自由发展的无阶级社会。这些想法无法通过事实来验证。与之相反，集体所有制在形成过程中能促进经济权力和政治权力的结合。如果发生这种情况，这一社会问题

① Karl Marx, *Das Kapital*, Vol. I (Berlin: Dietz Verlag, 1951) p.803. 译文摘自卡尔·马克思、弗里德里希·恩格斯:《马克思恩格斯全集》(第二十三卷)，中共中央马克思恩格斯列宁斯大林著作编译局译，北京：人民出版社，1972 年，第 832 页。译文略有调整。

就不能解决。它只会改头换面，以另一种非常严肃的方式出现。

然而，所有权问题再次出现了。审视个人所有制和集体所有制或许会发现，对不同的经济体系而言，私有制有着不同的意义。例如，一个地主可以拥有一个城镇的所有土地，而在其他城镇，土地被平均分配给了成百上千个业主。私有制在不同背景下有着十分不同的意义。在第一个例子中，私有制与相当的经济实力结合在一起，使城镇居民的生存必须依赖这个地主。在第二个例子中，由于潜在的买家不必依赖某一个人，每个土地所有者的权力都较小。与存在几家私营企业竞争劳动力的情况相比较，如果一家私营企业垄断了当地的劳动力市场，那么私有制的意义就会极为不同。了解工作场所差异的工人非常清楚这一点。如果政府部门控制了劳动力市场，使生产资料私有制与国家对劳动力市场的干预、工资水平的设定相结合，那么工人的处境又会有所不同。因此，不明确说明私有制在什么样的经济体制下运行，讨论私有制及其经济和社会功能便毫无意义。

由此可见，与私有制制度安排相协调的调控手段不止一种。因此，调控问题并没有通过私有制的建立或保持得以解决。集体所有制也是如此。在过去十年里，关于社会化或国有化的讨论十分广泛。在一些国家，许多企业已经转变为集体所有制，但显而易见的是，调控的关键问题尚未得到解决。即使所有煤炭、钢铁、电力和运输机械企业都转变为集体所有制——国家所有或者成为公共机构的财产,如何调控生产的问题仍然存在。除了大型公共机构以外，在加工、小工艺品、贸易和农业等行业仍然会存在很多私营企业。这些企业会自行制订独立的计划，于是又出现了整合大型集体企业和私营企业的生产计划，从而基于分工建立一个整体上协调一致的经济体制的问题。在这种情况下，调控问题仍然存在，而且解决难度极大。

根据这一经验得出的结论是：有关私有制和集体所有制的长期而激烈的争议应该停止。尽管重要，但所有权问题并不是一个孤立的问题，而是与经济调控密切相关。不仅私有制的意义取决于经济体制，所有权的形式也影响着经济体制。然而，对生产资料全面实行国有制是否与竞争机制相容？对工厂和运输工具等实行集体所有制，是否使通过解除它们对经济的控制来实现竞争的目标变得难以实现或者不可能？如果是这样，那么调控权似乎应当委托给中央政府部门。迄今为止的错误是，企图脱离经济调控形式，孤立地解决所有制问题。

雇主和雇员之间的关系

一个多世纪以来，企业雇主和雇员之间的关系一直受到舆论和政策的关注。常见的问题是：工人和职员是否能够影响企业管理者的选择？工人和职工委员会是否应当影响企业的日常运作？其他问题则包括：利益分享或合作参与是否可行？工人和职工如何能够更多地参与企业事务？这些问题也很重要。在这方面，人们可能会问，位于耶拿的卡尔·蔡司公司[①]是否能够成为其他企业效仿的榜样？

这些问题都非常重要，但并没有抓住与整体经济进程相关的调控问题。每天发生在蔡司的工厂或其他成千上万个工厂中的活动，只占总体经济活动的极小一部分。作为原材料和半成品的加工者、雇主、债务人和供应商，蔡司公司通过光学仪器制造做出的贡献，也只占经济总产出的很小一部分。必须面对的问题是，如何协调蔡司以及经济体中其他企业、家庭的不同经济活动，以满足经济体的总需求？

---

① 卡尔·蔡司（Carl Zeiss）是一家制造光学系统、工业测量仪器和医疗设备的德国企业，也是制造相机镜头的世界级企业。——译者注。

员工组织参与企业事务是另一个问题。协调问题与员工参与是联系在一起的，并且工人的参与形式会因不同的经济活动协调方式而有所不同。就此而言，员工参与问题属于经济体系中的协调问题。在由中央政府部门负责为企业分配、招聘和解雇工人的经济体系中，劳动力是被强制使用的，因而员工参与企业事务的基础与在另一种经济体系中——由劳动力市场分配工人、公司管理部门负责招聘和解雇事宜——是不相同的。在这种情况下，雇主之间是否存在竞争，或者半垄断的工会与雇主协会之间的关系是否对立，都不重要。

不过有一点十分清楚，即经济体系的整体问题无法通过改善企业雇主和雇员之间的关系来解决。

充分就业政策

在这一时期，很多国家都把充分就业当作经济政策的主要目标。在大规模失业出现且持续存在的国家里，政府不大可能再次当选。1942 年《经济学人》杂志表达了人们的普遍感受："如果自由民主与充分就业不符，那么就必须放弃它。"来自过去的强大影响往往导致充分就业被视为经济政策的主要问题。

事实上矛盾的是，一方面存在各种形式的短缺，另一方面大部分劳动力却与机器、原材料和半成品库存一同被闲置。如果数百万人非自愿失业，就说明经济没有得到充分控制和协调。然而，相反的结论并不一定成立。实现充分就业并不意味着已经找到了解决经济制度问题的答案。例如，在1946年的德国，劳动力虽然能够全天工作，但由于组织不当或分工不足，基本需求并没有得到充分满足。为了谋生，企业和家庭的管理者不得不以与合理安排经济活动不相符的方式行事。为了满足对食物的需求：一个人在他的园子里干活而不是去工厂赚取没用的货币；另一个人则把他的烟草配给换成食物而不是去工厂工作；还有一些人长途跋涉，仅仅为了拿到几磅马铃薯。他们都实现了充分就业。就个人而言，这样做都是合理的。但在经济活动协调不利的情况下，他们的生产效率极低。同样，企业也没有通过价格机制或中央行政当局合理地联系在一起。仅仅是这两个例子就可以说明，充分就业可能与经济不景气并存，因而在任何情况下，充分就业都不应成为经济政策的唯一目标。但那些认为实现充分就业是唯一重要事情的政治家，倾向于采取特殊手段解决经济问题。他们只重视问题的局部，却忽视了经济政策真正重要的目标——提供充足的消费品。

如果仅仅是初步反思就引起了对片面强调充分就业的政策的批评，那么以下分析更能够说明，对经济政策目标的这种理解，远比它刚出现时要危险得多。

首先，前文提到，以劳动分工为基础的大型经济体的经济制度，必须具备有效运转的“计算器”或“稀缺性度量手段”，否则就无法得到适当控制。然而，现代的充分就业政策往往导致这种“稀缺性度量手段”失灵。但在这些情况下，充分就业能够相对快速而可靠地实现。换句话说，当“稀缺性度量手段”失灵时，就不能阻止工人从事那些产出价值低于其消费物品价值的工作。例如，工人可以从事公路或铁路建设工作，即使这种就业对经济其他部分造成的影响——对其他工人和对原材料需求的影响——尚未得到充分解决。事实上，许多国家在没有找到替代办法时，就完全或部分地抛弃了“稀缺性度量手段”。这么做虽然实现了充分就业，但没有对所有经济活动进行充分控制和协调。于是，瓶颈出现了——本可避免的生产要素供应出现短缺、国际贸易受到干扰、生活水平下降。自工业化以来，许多国家经济体系中的调控机制，以及国际贸易体系频频崩溃，但却因崩溃类型的不同而各异。例如，近期在英国出现的情况说明，充分就业政策制约或阻碍了调控机制的运行。

其次，将充分就业视为主要政策目标的政治家往往只关心宏观经济。他们将消费品生产作为一个整体与消费品总需求进行比较。充分就业政策的目标是防止总需求下滑。他们也对国内投资总额与储蓄总额进行了比较。换言之，目前大多数国家的经济政策似乎只关注宏观经济，但没有充分考虑微观经济因素。而微观经济学关注的是劳动力和大规模生产各类产品的生产设备的日常协调。因此，合理平衡投入和产出至关重要。例如，应当这样控制投资：最重要的投资按恰当比例，投入钢铁、羊毛制品、人造纤维、汽车和造船工业以及其他成千上万个制造业部门，更重要的是，投入特定地区和特定公司。主张实现充分就业的“政治家”片面地看待投资，并且往往只关注他们想要维持或增加的总投资，却忽略了将投资合理分配到不同用途的困难。他们没有或几乎看不到问题，也没有意识到如果“稀缺性度量手段”不起作用，这些问题就无法解决。因此，仅经过粗略评估，资金便被随意地投入道路建设、采矿或其他领域。只有在发现了不协调的情况——如重要的生产要素缺失、国际贸易停滞和消费品供应下降——他们才会感到惊讶。他们预期的“可靠性”并未出现,但却出现了相反的结果。因此,有关充分就业的主张和政策阻碍了经济的良好运行。

通过对整体经济进程进行令人满意的调控，并以此实现充分就业是可行的。而忽视或掩盖经济体系中的调控问题，则不可能取得效果。

第四章

市场经济中的法治[1]

作者：弗朗茨·伯姆

① Böhm, Franz. 1966. "Privatrechtsgesellschaft und Marktwirtschaft." ORDO 17: 75–151.

律师了解私法，经济学家了解市场经济。但什么是私法社会呢？在学术圈中，无论是法学、经济学，还是社会学，这个术语都不常用。虽然法国大革命的一大目标是实现前革命社会向私法社会的转变，但奇怪的是，这个目标从来都没有被正面定义过。相反，人们却说要消除阶级权利和阶级界限。他们提出要废除旧社会，但却很少谈论要建立何种新社会来取代旧社会。

私法社会的发展

改革派赫赫有名的历史功绩在于，他们通过发动起义来反抗一种被认为是侵犯人权、公正和自由的社会秩序。他们在现实中也实践着人人权利和地位平等（即人的私法地位平等）的理念。革命先锋并没有思考过如何规范社会中这些自由独立个体之间关系的问题。他们也不需要这么做，因为这些理应存在于一个以社会平等为协调基础的、以私法为背景的自由国民社会中的社会规则由来已久。这种社会形式从古流传至今，自西方国家出现以来便享有普遍或法定效力。这些社会规则已经由一代又一代有卓越智慧的法学家和法官培养、解释并发扬光大。简而言之，革命最好的成果，即一种规范自由人民之间关系的好制度，自出现之日起便生生不息。而唯一还要做的便是把私法从它“灰姑娘”般的状态中解放出来。从政治的角度来说，要让私法摆脱“被蹂躏和剥削的状态”，上升为一种社会制度，并授权它管理社会中自由独立的个体以及他们根据私法自愿成立的公司。一个全新大胆的政治设想驱使了这一切行动。

构建私法体系，使它能够组建自由人民的社会，并引导人民合理有序地开展合作是另一个问题。发起这场后来被称作“资产阶级革命”的改革派对此完全没有概念。他们相信，只要不用解决制度的问题，私法制度就是有效率的，他们或许就能够一直依靠私法取得的成功。在社会制度多样化和互相重叠的情况下，私法就不得不规范那些基于权利平等原则进行活动的人与那些企图利用“阶级道德”所保留的特权而获利的人之间的往来。

基于以下原则废除所有阶级的特权是合理的：今后在

社会领域，所有个体只有单一的法律地位，并且只受一个管理人类计划和行为的主管当局管治，即私法自治。从此，司法与统治权和代表权全然无关。当然，这就要求“所有社会成员地位平等”不再是一个私法概念，而是一个宪法下的政治概念。

最重要的是了解政府和社会如何携手合作。首先必须确定的是，无论是在革命前还是革命后的时代，总是存在至少一种受传统规制的政府与社会之间的关系。在这种情况下，政府是一种掌管政治权力的社会组织，而社会则包含除此之外发生在一个国家的所有事务。在大革命前后，几个世纪以来，这种社会化规范关系都保持着一种特定的结构。

首先，存在一个基本概念，即对控制手段的管理应当专门服务于维护社会。但由于社会（整个国家）没有这种行动能力，所以必须有一个专门机构即政府（换言之国王）来负责。为了对社会福利负责，政府必须对全体社会成员进行统治。由没有行事能力的社会，将统治权以封建委任的形式授予国王。为了厘清这种多少有些奇怪的关系，在英国统治阶层中被当作一份基于古老头衔的协议。在有限范围内政府必须显示威严，同时不要沉湎于权力，如干涉所有社会事务的企图。这么做是为了使君主权责明晰，而其他一切仍属于社会的范畴。

这一决定权力范围的原则——不是基于宪法而是取决于社会形态——决定了从中世纪早期至今所有西欧国家政府与社会之间的关系。当然也有例外，那些政府与社会之间不再有任何区别的国家，政府的管辖权已扩大到通过政府计划来控制所有能通过主权手段控制的社会事务。然而在1914年之前，这类政府并不存在。

国家与社会之间双重关系概念的特征之一便是，要求政治管辖对行为边界的遵守始终比社会严格得多，这就必须对社会有效力量的代表让步，允许他们共同决策国家事务。例如，领地内的庄园主有权提供土地并参与立法，君主也必须依照土地法行使权力。在违反这些权力的情形下，国王的顾问们应当负责在庄园主上诉之前提起公诉。

这种国家与社会的特殊组合被称作“宪法”。最早最激烈的宪法斗争是为依法行使权力的宪法原则而战。在国家仍由国王代表时，这个分歧巨大。社会的代表不仅积极督促国王遵守宪法，而且热衷于维护他们的共同决策权。

到目前为止，出于简化和说明，我们提到的国家和社会似乎是一个联盟的自愿成员。无可争议，这适用于国家，因为国家是一个由各种机构组成的整体，在这些机构的帮助下，它能够形成和执行自己的意愿。那么，社会也是这样吗？对律师来说，“社会”这个术语是否不同于纯粹代表一个国家的所有公民或居民的词语？

社会、国家和个人

过去，对国家和社会进行对比时，律师从来都不会把“社会”一词当作法律术语。相对国家而言，并不存在一个能够对宪法保护的权利和权力负责的“社会”。只有当社会中的个体成为法人时，才能被赋予这些权利。因此，并不存在对社会负责的法律保障，而只有对人权或个体宪法权利负责的法律保障。与行政权的代表相比，个体的宪法地位确实是唯一能从法律视角感知的东西，因为只有法律主体才能拥有法律地位和法律权利。然而“社会”并不是一个法律主体。它不拥有任何能够产生共同意志的机构。事实上，除国家之外，它甚至没有自己的行政机关，可以在维护国家利益的范畴内采取措施。因此，当律师想起宪法国家时，这张“个人和国家”的照片将在他脑海里浮现，而社会和国家的概念并没有带给他任何真正的启发。

不仅是律师，受到人权思想启发的所有领域都开始思考国家和个人之间的紧张关系。即使是法国大革命的反对者也拿起了这篇反对文章，将它融入启蒙精神。由于中世纪社会的破坏，人类所有传统的和熟悉的社会模式都被撕裂，它们像从前一样，赤裸、无奈而战栗地站在冷酷无情的庞然大物——“国家”利维坦面前。因此，所有浮土都从国家的地表上刮下来。曾经熟悉的等级社会的本质特征被剥夺，国家也转化成一个非人格的机械骨架。从此，来自保守派、社会主义者、中产阶级和牧师的谴责便不断涌来。

然而，法国大革命将个人从社会中解放出来的设想却建立在谬误之上。笔者不想辩解是否存在政治运动和哲学运动需要这种性质的东西。相反，笔者可以纯粹客观地说，从宪法的角度来看，法国大革命并没有把个人从社会中解放出来，而是将个人置于社会之中。唯一变化的是，社会从一个封建特权社会转变成一个纯粹的私法社会。这个封建特权社会除了别的以外，也有私法。然而，私法社会绝不仅仅指不相关个体之间的共存关系，它也是受制于统一秩序（更确切地说是法律秩序）的人民的联合。私法秩序制定了社会成员之间缔结契约、取得货物、互相合作，以及在协议基础上互换服务或在所有契约关系之外进行其他行动和计划时应遵守的规则。除此之外，它还赋予在其管辖范围内活动的所有人极其广泛的行动自由、与同胞共存和规划的能力和在私法社会中的地位——这绝不仅仅是大自然馈赠的天资和意志力，而是社会公民权利。

总而言之，任何一个现代、后革命、民主工业国家中的人只是将国家和个人分置两边，却忽视了现代宪法现实的一个重要组成。这个宪法现实是，基于所有现代宪法国家依据的宪法制度，以私法社会为媒介，个人理应受制于国家。

当然，个人可以直面现代国家，而不需要所谓中间社会机构进行调和。国家可以通过私法契约或以受私法约束的成员身份加入已成立的组织来建立这样的中间权力机构。但它必须依靠私法自治来实现，而不能以它是政治宪法的组成部分为由，随意建立这样的权力机构。这甚至适用于政党，如果没有这一规则，政党滥用政治特权，那么公民在自由国家的行为就会受限。政党也是私法社会成员凭借自己的私法自治权并借助私法提供的资源而建立的私人俱乐部，但它们并不是政治宪法的组成部分。最主要的是，自消灭封建社会以来，私法社会的理念就被引入国家统治，但并不是以联合千千万万不相关个人的形式引入的。

社会将由一个有效的私法体系组织起来，但它并不拥有任何机构，也没有能力去为自己的成员、外部势力或自己的国家行事。现在必须要问的是：从法律或社会学的角度，如何能证明私法社会已经嵌入了包含国家和社会在内的共同体，并与国家联系在一起呢？私法社会与独立私法主体之间的法律关系又是怎样的呢？

在回答这些问题时，如果不考虑制定实在法的实际情况，就很容易误入歧途。从过去的经验可以看出私法体系是如何获得和保持权威的，通过解释法律、解决争端、执行决策以及这么做的依据。比如，私法体系有登记簿和档案，并能提供各种辅助服务人员工作的信息。然而，如果没有政治权威，这些都不可能存在。政治权威是成熟、有活力的私法实践的保证。对法律制度、法律和商业现实的考察表明，国家作为一个专业的政治权力机构将对沉默的私法社会伸出援手。即便私法社会本身不需要对抗来自外部或内部的危险，没有权威它也将无法运行。它需要自身资源以外的力量来支持它的运行。然而，这种公认的附属机构应当具备与生俱来的权威。与之类似，除推动社会功能以外，管理货币的主权、为港口贸易制定度量衡、开办贸易展览会和建立市场，也都是最古老的君主特权。

这种关于国家的观点与如下事实相关：人民不仅打算将其必要的、慷慨的、神圣的、有仪式感的税收投入国家，还要求国家为私法社会提供卑微的“守夜人”服务。他们在“守夜人”忠诚智慧的表现中，看到了国家最根本、最重要的目标。

这一概念简单概述如下：私法社会补充了主权机构的职能，即使它只是在有限范围内保证活动的自然开展。因此，私法体系能够协调所有成员的计划，使之与该制度相符。为了维持循环，它需要一个强有力的“守夜人”。然而应当注意的是，社会成员的计划将由私法默默地、自发地引导，并伴随着由冲突和反抗引起的极小阻力。

私法体系的运作特点是，人们并没有获得一套用来处理与权利平等的其他社会成员之间关系的行为规范。相反，一切都由他们自行决定。另外，人们有望找出每种情况下自己的权宜之计。也就是说,他们能够根据已知的社会信息，调整自己的行为以适应外部环境。

个体将个人计划、态度与他人和社会进行统一的需求是由社会现状本身决定的。任何权利平等并与同胞相互依存的人都不得不适应社会。这种强制源于现状，而与政治权威无关。只要还顾及同胞们的权利和反馈，同一社会中的任何人就都有权独立地规划和行动。对他人平等自由的追求自然就限制了个体自身的自由，从某种意义上来说，这意味着对每一个自由人的限制。

当然，或许有人会说这种制度只不过相当于一种彩票，无论从道德观、公平正义还是社会团结来看，它都令人无法接受。但是，在进行如此苛刻的判断之前，我们应该牢记，社会中其他人的反应，对任何一个希望采取某些行动的个人而言，都是非常重要的信息来源。起初他将生活在黑暗中，面对一个庞大的社会数据丛，他只熟悉其中的一小部分。他所接收的成功或失败的信号突然在黑暗中迸发光芒。现在，他至少知道同胞们有什么反应。他将尝试从这些回应中得出结论，并相应地调整未来的行为。

这些信号代表的强制性足够清晰，但必须根据遭受他人谴责时个人法定自由是否被侵犯，将它与所有来自法律和命令的强制区分开来。一个人更愿意被命运还是被检察官、法官、警察拯救，只是品位问题。

在协调体系中的强制也应与指令强制和命令强制区分开来。由于自身失误而被诱导改变态度的社会成员，并未因此获得特定的用来指导其往后行为以替代之前行为的行动准则。

社会中的信号传递系统

如前所述，这要求以独立自主但未能自给自足的个体之间的协作为基础的社会合作，具备一个信号系统。个人制订计划时，必须能够收集同胞们的规划、态度和反馈的信息。此外，还要能尽量可靠而及时地收集来自外部的一系列社会信息。由于这种调整可能需要费时费力的调查，人们并不想被迫做出连续快速的调整。

证实这种信号系统的存在，是至关重要的发现。在历史的进程中，它们被世世代代的人用出于本能智慧的日常行为雕琢，或多或少不借助于人类有意识的理解力。这些信号系统中最重要的是语言、私法和市场价格。

私法体系精妙的内部结构如此轻易地赢得了广泛赞誉，许多律师仿佛被这种逻辑统一的美妙魔法蒙蔽，而丝毫没有意识到私法体系作为一种社会控制工具竟如此有效。通过为权利平等、自我规划的个体之间的合作与共存制定规则，私法制度悄无声息又十分有效地影响着个人计划的选择、它们的内容以及与他人计划的适应性。私法作为一种社会性创造，尽管由人们发明创造，但它一旦出现，就像语言一样影响着每个人的思考和创造。

最后，这些信号系统中最新的成员——市场价格体系，被认为是社会创造的所有信号系统中最为精准的。其中包含了一整套社会创造：第一，高度发达的民法秩序；第二，货币；第三，要求社会活动的有关信息具有非比寻常的流动性。

然而，如果市场价格的调控力量并不包括协调自发参与者的局部计划与总体计划和预先期望的国家层面结果相一致的功能，那么它是由什么组成的呢？答案如下：这些信号的调控力量在于，它们根据参与者的决定来协调所有参与者的局部计划。这种协调包含双方均可接受的讨价还价，它像私法中的交换协议一样有效，每日商定，伴随着每一次货物转移。

这意味着，在销售和交付商品时，买卖交易中所有参与者的认同将使交易合法化。货物转移过程中的所有参与者，通过自愿缔结协议，表明这项交易符合他们的利益。对每一个买家来说，商品值这个价钱。而对每一个卖家而言，收到的钱与商品价值相符。因此，从这个角度来看，在交换需求信息的基础上，双方可以通过自愿缔结互利共赢的协议来实现货物转移。双边利益平衡通过私法交易的协调，即合同式的交换协议或互惠契约间接实现，比如最典型的买卖协议。交换协议及其执行是拥有平等权利的独立交易者之间颇具特色的合作模式。因此，从这方面来讲，私法体系决定性地参与了自由市场的调控。

如果要用价格来调节专门定期生产特定商品的企业的生产计划，那么每进行一笔新交易都需要单独谈判价格就不再那么有效率。到目前为止最好的方法是，协议达成时可免除价格谈判，协议上的售价适用于所有买家，同时也是所有竞争性卖家的报价。这样的价格不需要根据统计分析或其他方法进行计算，它是通过仔细观察市场和客户的反应而得到的平衡价格。这看起来像一场权力斗争，但它将以一个考虑所有客户和货物供应商利益的决定告终，任何参与者都没有任何确定性影响。无论何时，对任何商品而言，这个过程都将产生几乎统一的价格，它只取决于在考虑相对稀缺性的情况下，有智识的买家和卖家的脑海里在想什么。他们就是所谓的边际买家和边际卖家。

边际买家和边际卖家并非想象虚构出来的，他们是商品贸易中活生生的参与者。换句话说，他们对交易货物的估价，即一手商品和另一手货币的权衡，至少是由相互依赖的社会关系决定的。因此可以说，他们的估值受到由国家收入、货币政策决定的有效购买力和商品整体供应结构决定的稀缺性的影响。因此，社会成员明显依赖于所有社会成员和以协调为基础的社会制度的运作（这是所有劳动分工社会的标志）。同时，不存在一个特别依赖于特定对象、社会群体或阶级的个体。个人自由只受限于与他人平等的自由，换句话说，个人的自由发展是全体自由发展的前提。

普遍意志与自由市场经济

这里重要的是要意识到自由市场体系的运行将以私法社会的存在为前提。所有社会成员都应该享有私法自治的权利，没有人应该受到限制，也没有人能超越私法自治赋予的权利。在交往过程中，所有成员只能运用私法提供的便利，去实现其目的和意图，这就意味着私法自治并不代表可以指挥他人或对他人课税。所有必须通过使用武力和赋予一般责任来实现的决定都需要普遍意志。然而，国家或地方当局是唯一拥有普遍意志的主体。

在市场经济中，必须交给普遍意志的工作，包括任何与实现自由市场条件相关的任务。无论在市场经济中从事经济活动的人被赋予多大范围的私法自治权，他们也不负责制定在市场经济中与私人自主计划相关的基本规则。

就私法体系而言，人们对私法在自由市场运行中起到非常积极的作用这一点，从未有过分歧。建立私法规范是一种立法行为，而该行为是按成文法还是习惯法进行的并不重要。习惯法条款也是具有约束力的规范性条款，无论是否赞同其内容和价值，该法律共同体的成员都应当遵守。然而，正如前面解释的，私法自治并不代表对不履行合同或其他交易的人享有审判权。本质上，制定具有普遍约束力的规范是一种政治权力，它超越了法人只对自己行为负责的自治权。谁声称享有这种权力，谁就要相应地承担干涉他人事务的责任。因此，能否行使这种权力，并不由那些只涵盖对自己行为承担责任的规则决定。只有在获得第三方法律协议的情况下，第三方干涉才能被接受。

同样的观点也适用于自由市场制度中那些不具备法律条款属性的部分，特别是如下两个方面。

第一，为了使双边谈判价格被市场价格成功替代，应当采取一系列措施。这里的市场价格由边际效用理论界定的套利行为通过连续不断的均衡和调整而实现。这些措施包括但不限于，政府为增强道路安全、提高经济进程的可理解性，以及为提高新闻报道、行动自由和所有经济活动参与者行动的质量和广度付出的努力。其中最重要的是，保护言论自由和科研自由。

第二，尽量消除或减小个人、其他单边或多边的不均衡力量对价格形成过程的影响，无论这些力量源于个体还是限于社会团体。其中特别包括，通过立法或行政性措施影响市场形态，进而为有效竞争创造有利条件。这就必须阻断垄断的形成，如果不能实现有效竞争，则通过增强其他形式的有效控制和反补贴行为，降低单边垄断出现的可能。这么做符合如下原则：局部垄断优于完全垄断，双边垄断优于单边垄断，寡头垄断优于完全垄断或局部垄断，局部寡头垄断优于局部垄断。

此外，调控手段还包括维持货币稳定。它之所以至关重要，是因为价格稳定决定了市场价格能够以经济上正确的方式指导生产过程，维护价格免受投机行为干扰。

将多层次社会转变为人人自由、权利平等的私法社会，就是要建立一个没有奴役、没有剥削的社会。这篇文章不仅关心这个设想是否能得到足够彻底的推演，也关心它在多大程度上已经实现。在思考这些之后，我们可以认识到，必须通过消除法律中的不平等来实现平等。为此，有必要废除所有通过暴力强权赢得的法律地位。

在这些令人反感的法律地位中，最重要的是封建王权

（以农奴制为代表）和工商业特权。后者在历史上出现得很晚，其目的是将封建关系以外的一群人融入这个双重社会。废除农奴制注定要以牺牲统治阶级为代价，它昭示着封建王权的覆灭。而废除工商业特权并没有直接影响封建霸权，因为封建贵族与自由（特权）贸易商之间的关系并不依赖于法律。

相比之下，任何特权的授予都会在特权获得者与授予者之间建立法律关系。因此，废除特权意味着必须从行政权中剥离一项相当具体的行政职能和一项相当明确的主权特权。像企业家一样行动的权利也是私法自治的组成部分，于是这就需要承认普通公民具备开展经济事务的能力。今后，根据宪法，行政权在商人计划和行动中的任何干预，都将被视为对私法所保障的个人自由的侵犯。国家行政机关必须通过具有一般有效性而非仅适用于个别案件的法律获得明确授权。在根据宪法分配行政机关和社会成员自主权的过程中，创办企业、决定企业活动内容，应由普通公民而非行政机关决定。在需要国家采取行动来干预企业家私人计划的情况下，国家也不允许动用特权，因为特权是为维护封建社会及其等级根源而存在的。

必须牢记的是，在考虑经济政策之前，废除贸易特权本来就是废除封建社会的计划之一。在这些经济政策有进展之前，对于政府权力应在多大程度上用于调控经济活动的问题，尚未有定论。人们对于政府不应用哪些手段来干预经济和在经济活动中哪些目的不应通过国家干预来实现，已经有了一些明确答案。只有通过哲学的和科学的调查，了解在没有国家干预的市场经济领域究竟发生了什么，才能断言就经济政策和经济理论而言，政府应该尽可能地避免任何干预。政府的责任仅限于界定和维护监管框架，以及履行仲裁员的角色。换句话说，政府对制度的影响应当是中立的。

当然，形成这样一个假设背后的科学见解，最受那些脑海里存在一个公民独立自主、免受压迫和掠夺的自由社会的人们欢迎。因为他们有理由认为，从实用的角度来看，革命的伟大目标包括三个设想：私法社会的建立、将行政权力全部转移给私法社会成员、大力减轻行政权力的工作负担。

通过限制政府工作的权力范围，使人民有效行使主权、有效控制由议会任命的政府成为可能，以至于在政府控制的机构内不可能形成新的压力集团。这些机构并不能因为其身为专家的不可或缺性而逃离任何来自被统治主体的支配性影响。

新社会的特点

在社会中，没有哪个权力集团的存在是为了被其他个人或集体征服和剥削的。通过建立价格竞争制度、取消社会特权、建立一个服务和资产能够根据自愿交换协议进行公平交换的制度，可以保护人民免受这种威胁。同样，在国家范围内不应当有形成特权的可能。为了免受这种威胁，就要发展民主、推广普选制，使政府对议会负责。尤其是限制政府的职能，使它的职责仅限于发展和维护监管框架。这是一个精心设计的囊括社会和国家以及两者之间联系的计划。谁能想到，这个在17—18世纪出现和成熟的概念，随后将被那些渴望没有压迫和剥削的社会、渴望“个人的自由发展是全民自由发展的条件”的人们诟病。后来的评论家认为，这样的社会制度是一种狡黠的、为新兴剥削阶级服务的压迫制度。

这种观点在19世纪上半叶出现，但在19世纪下半叶受到了严厉批判。其中最受诟病的是新社会中有钱有势的人物。封建制度特有的统治阶级与农奴之间的矛盾被贫富分化产生的矛盾取代。这种矛盾发生于只能靠出售劳动获得收入的无产阶级和可将资本投入生产获得收益（资本利息）的资产阶级之间（最终，资产阶级以此赚取大量收入，将不再依赖于自己的体力劳动）。自由市场制度的倡导者从一开始就充分意识到了这一点。但是没有人能准确预测它带来的社会影响、它会以何种方式在私法社会建立之后出现、与之相伴的国家体制以及这种社会风气带来的后果。

如果富裕阶层只是在闲暇时消耗资本利得或从未消费的盈余中积累新的有用财富，那么来自社会、政治和道德上的反抗，也许只是对自由市场在收入和财富分配方面不平等的不满。然而事实上，在自由市场社会中，这种不满不仅源于消费者需求的满意度远高于富裕阶层的平均水平，也因为他们在社会生产活动中被赋予了完全不同的可能性。

要建立一个企业来联合拥有想象力和组织才能的智慧勇敢的人们，最重要的是将自己与他人的资本和工作能力结合以实现成功经营。因此,如果不考虑真正合适的企业规模，企业家首先必须拥有大量的资本。在私法社会，任何依靠他人资本和服务来实现私人自治计划的人，都必须与他人缔结交换协议。相对产品需求他是相应的债权人，而相对产品投入他将成为相应的债务人。根据私法制度，作为债务人，他应当及时发放工人工资，付清供应商款项并且支付投资者利息。在第一次销售产品获得收入后，他通常就不得不赶在截止日之前早早地付清这些款项，而完全不考虑他自己的创业活动是否产生利润或造成损失。在这种情况下，任何想要经营企业的人都无法找到工人、供应商和债权人。除非他有足够的资本支持，使工人、供应商和债权人相信，即使在企业不成功的情况下，他们也能获得相应的赔付。

毫无疑问，那些积极从事创业活动的富裕阶层，比生活在他们身边的那些纯粹食利者的社会形象更佳。那些食利者即便进行奢侈消费，也越来越富裕。任何自担风险、积极从事创业活动的人，都将自己投身于自由市场体系最重要的社会活动中。此外，他在将自己的资本和劳动投入企业的同时，放弃了私人资产的利息收入。事实上，他甚至放弃了收回投资资本的权利，也不为自己付出的劳动索要薪水。

因此，独立企业家没有将他的资产投入其他企业以获得投资利息，也没有将他的企业家才能和工作能力提供给其他企业以赚取高薪。他牺牲这一切只为获得成为企业家的满足感。他的收入来源于企业利润，即在赢利的情况下，扣除成本之后的年度盈余。除了利润以外，他还能以合法的方式从商业资本中提取资金以满足私人消费。然而，根据民法他要对自己的债权人负责，否则他这么做就损害了债权人利益，甚至可能违犯法律。如果他的企业亏损，也可能导致这样的后果。一旦债务偿还困难，他就必须立即根据法律规定自行宣告破产，或者采取司法程序以免破产。无论如何，即使企业亏损，企业家也必须向他的债权人偿债。如果他无力偿债或拒绝支付，公司的债权人就有权要求清算企业家的全部私人资产（包括房屋和私人物品）来偿还。

必须承认的是，到目前为止，成为一个独立企业家是这些拥有大量财富的人能够从事的最有价值的职业。这一职业使拥有大量财富合法化，也促成这种允许乃至促进财富和收入分化的社会制度，获得社会、理性和道德层面的合理性。无论如何，经验表明，有产阶级成员大量涌入创业界，那些尚未这么做的人也想要投入他们大量的资本和收入。当然，他们之所以这样做，一方面是为了获得物质利益，另一方面是因为这是利用他们的资源和才能的最佳途径。事实上，历史上并没有任何一个单一的制度，像私法社会（以及与之相伴的经济制度）一样成功地使富裕阶级参与生产，投入他们几乎所有的财富。事实上，封建领主憎恨鄙视贸易和生产,《共产党宣言》的作者也强调依靠协作制度来释放生产力是难以想象的。

对新社会的批评

不过，人们对自由市场收入分配的质疑直接指向了企业家，而不是以年金为生的富人。这也许是因为企业家是最活跃的精英阶层，所以代表了整个有产阶级。但更主要的原因可能是工资收入者与企业家之间利益的对立。企业家为了尽可能地赚取高额利润，尽可能地支付较低工资。此外，企业家还是有产阶级中直接与工人签订私人协议的上级，并且作为劳动力市场中的需求方，他们也负责分配工作。因此，企业家拥有特别强势的谈判地位。

基于这种批评，资产阶级革命不再是一种解放运动，而是一种新的压迫手段。现代剥削阶级替代旧的剥削阶级，将自己乔装打扮成私营个体，并将工人伪装成与之缔结合约的另一方。实际上，他们与奴隶主的不同之处，仅在于他们不必购买奴隶，因此他们对维持工人的工作能力也不感兴趣。剥削和压迫的手段只是更巧妙罢了。

市场经济的拥护者对剥削的危害有着不同的看法。在他们看来，企业家确实有可能通过支付低工资来剥削工人。但这并不是一个普遍现象，仅在满足某些已知和可描述的特定前提条件下成立。即便这些前提条件中的一个或多个可能发生，工人们仍然可以自救，立法者、政府或法院也可以有所作为。在企业家已经存在剥削工人的行为时，这些手段也可以迫使他们放弃这些做法。剥削只有在某些社会、政治或自然因素存在的情况下才可能出现，因此只有在全社会的共同努力下，通过立法或行政管理——必要时与其他国家缔结协议——才能瓦解这些促成剥削的因素。

这是社会和国家面临的最严峻的问题之一。虽然它很早以前就被发现，并且人们已经尝试解决，但它已在多大程度上得到缓解还未可知。如今这样的危害已不再具有同等紧迫性，甚至在许多情况下已经出现了反向危险：过高的工资水平即高于供需平衡的工资水平导致国家经济增长放缓。基于审慎思考和历史进程的发展，出于实际目的消灭剥削带来的危害是可能的。在一个兼有民主宪法国家的私法社会中，更有利于形成一种使社会团体对其他社会团体的剥削越来越无望的社会结构。这种社会结构对剥削发起人来说更加危险，因为这极大地促进了国家和社会中的反剥削倾向。

通过分析当前整个体系中的失败病症和错误发展，结果表明它们更多地发生在社会和国家的边界而不是社会领域。

让－雅克·卢梭认为分工不可逆。因而，他专注于回答人们如何在不放弃政府治理功能的前提下摆脱它对自身权力束缚的问题。最初，他的回答方式令那些把他的回答当作哲学戏法的读者感到吃惊。简单来说，他的解决方案如下：如果人们希望摆脱对人权的束缚，那么被治理的主体必须掌控政府，并且自己履行当局者的职能。他们必须让自己成为统治者，但同时仍是被统治者，然后以行政权力所有者的名义自愿提交决议。

当然，卢梭完全意识到，只有在紧密结合的小社会或小国家中，才有可能将普遍意志成功转化为现实。然而，分工的出现不仅使国家变得至关重要，也使国家职能变得越来越复杂。卢梭不得不呼吁别再让分工继续下去，他确实也这么做了。事实上如果有这种可能，社会将会退回早期发展阶段。在这方面，卢梭呼吁一个禁欲主义社会，这明显也是一个教育学概念。于是，他著名的口号——回归自然，便具备了政治和社会层面的重要性。

虽然卢梭的想法在逻辑上令人信服，但根本无法实现。在卢梭时代，甚至是历史发展的更早阶段，这都只是一个空想，一个非常保守的理念。如果这些前提条件都无法实现，就意味着人民当家做主设想失败，这一设想并没有机会变成现实。

另一种社会

不过在这一点上，一束令人意想不到的希望之光出现了。另外一些当代思想家提出了建立一个“开放”的非禁欲社会的可能性。它将推动进一步分工，但政府的活动范围受到限制。在这个社会中，社会成员的个人计划由一种自发运作的协调机制进行调控。这将缓解国家进行中央经济调控的状况，并将国家的任务限制在维护和执行控制规则的结构框架内。此外，通过限制国家在全面推行这一制度时的作用，也极大地限制了国家在政治上的自由裁量权。一旦一项政治决策决定采用这种制度，那么就需要规定立法者的任务、政府的作用和职责，以及法院解释法律时的原则。

这种制度的基础是具备前面所述的主要标准特征的工具性和程序性“乐谱”。赋予自主的社会成员多少自由裁量权，取决于他们协调行动的特殊性和随后客观上相互依存的特点。赋予拥有政治权力的人多少自由裁量权，取决于服务这种调控机制的强制力。这种调控机制就像乐谱一样，具有合适（我想说的是，在社会和政治层面无害）的最低限度。虽然这个最低限度为遵守制度提供了很多创造性想象空间，不过还是在很大程度上降低了忽视并且不遵守制度、把对经济和政治灾难的愤怒发泄在无辜之人身上的行为的可能性。

在这种体制中，被统治者不仅有可能了解政治活动，系统本身也为他们提供了一本规则手册，使他们能够批判地看待立法、政府举措和司法行政部门在法庭上采取的措施。

通过这种方式，在提供的可能性范围内，被统治者切实地被赋予了维护主权并将其投入实践的机会。当然，主权只限于选举代表替他们行使立法权、任命和控制政府（或至少是政府首脑）。当然，也存在一种风险，即指定的人民代表可能会忽视民意并形成独立的专家意志以取代普遍意志。这种风险受制于赋予每份财产自主权的宪法，因而对被统治者美德如团队精神的要求，就比让－雅克·卢梭的观点更加温和。

不过，通过选举和公开舆论表达民意时，可能会出现困难。人民对政府的期望可能会偏离宪法规定的政府工作范围，至少在经济领域和自由市场体系中是这样的。

在这方面，宪法规定立法者和政府的任务是创建、维护和管理，将保障自由市场作为一种配置手段正常运行的监管框架。因此，与经济过程中私人部门的成功或失败、其收入性质和水平及其生产和消费计划相关的决定，都将由市场机制负责。政府的任务只是创造条件，让这个调节机制遵照宪法运作。遵从宪法不仅是为了政府，也要符合要求政府严格遵守宪法的所有国家公民的利益。只要服从自由市场体系，就存在这种利益要求。另一种唯一合理的选择是废除这种制度。相比之下，摧毁一个违反“乐谱”的制度是不理智的，它可以被理性地调整到至多以革命的形式进行改造。

利益集团的问题

当然，从经验出发，在任何依赖规则组织力的制度中，任何参与者和任一参与者集团都有可能通过违反规则而获利。这是以牺牲其他参与者或参与者集团为代价的。在市场经济中也可以通过欺骗获得收入。例如，即使在私法社会中，参与者或参与者集团也可能有欺骗的企图。他们主动这样做，是故意滥用自己的私人自主权，无论是品行不端的不公正竞争、高利贷和欺诈行为，还是以更正当但更有害的形式来垄断市场，如形成卡特尔。

不过，更有效的是参与者集团意识到自己的成员也是选民，也享有人民应有的主权，并能将参与者的这种特点融入国家和政治领域中。在这种情况下，个人并不厌恶欺骗行为，而是要求立法者或者政府制定法律或行政方案来调查欺骗行为。任何主权公民都有可能带着牧师般的清白要求保护性关税、税收优惠、直接补贴、价格支持、建立垄断或对“有序市场”的初始保护，甚至有可能要求增强其社会和政治声誉。在与对手利益集团竞争的过程中，参与者集团将以卓越的风格对普遍意志的形成施加影响，鼓励那些追求特殊利益（特殊意志）的人参与经济活动。国家自身被禁止推翻牺牲其他集团为自身牟利的主流秩序法则。

在这项研究中，重要的是认识到参与经济活动并且利益相关的人们（从事农业、工业、银行业、手工业、小型工业企业、个体经营等行业的工人和雇主），虽然各自维护自己正当合法、显而易见的利益，但仍然还有合作的可能。然而，这些利益可能通过市场价格机制中的非中立政治干预来推动。即便这样会损害他人利益，并且直指现行宪法制度下监管和调控力量的缺陷。尽管不存在能够有效防止政治自我毁灭的手段，但如果能够通过阻止对制度的干扰行为来增强社会和国家中维护这种制度的趋势，这仍然是好制度的标志。然而利益集团活动的固有倾向是将他们的国家政治，以及国家和社会制度推向一个与宪法对政府的授权相背离的方向，这将有损于政治和社会宪法所需的调节指令。

既然自发的民主行动和个人加入利益集团的权利都不可侵犯，那唯一办法就是通过调动适当的防御机制来防范已知的危险。

所有类型的政治偏见都妨碍了这一认知。特别是在德国的思想传统中，以原则而非利益为指导来开展政治和社会斗争的力量，面临着抵制、嘲弄和鄙视。每个民主政治家都认为，无论他在冲突势力之间如何抉择，都不利于他的下一次选举。因此，他会倾向于做出这样的决定：满足那些对政府来说更重要的集团，放弃那些对选举来说不那么重要的集团。然而，如果这一决定要根据所谓的监管原则做出，即“国家管辖范围内的每一个利益集团都想免税”，那么怎么做才能成功呢？正是教条主义者想把自己更多地推向政治活动前沿的想法，令所有政治实用主义者感到愤怒和失望。针对那些根本不希望选举能赢的政治参与者，你能做些什么呢？相反，即便是非常成功的实用主义者，对瓦解一种制度的后果也没有任何恰当的看法。他们高估了政治和社会制度的韧性，假定该制度可以利用任意数量的错误决策而不引起不利后果。实用主义者不仅忽略了这些警告，还以惊人的激情进行反抗。

前面已经提到，政府在满足许多利益集团相互矛盾的需求方面，常常面临着相当大的诱惑。政府如果能够同时考虑不同集团的利益分歧，就不至于把自己变成像遵守原则时那样不受欢迎。因此，利益集团之间不仅互相争斗，还联手政府对付对方。

说这些直接对立事件将威胁社会制度，这毫不夸张。事实上，这种倾向理所当然地成了这种制度的缺陷，应当引起重视。

在这种情况下，科学家有义务提醒公众注意危险。不幸的是，实际上掌握意识形态的科学领域却正在鼓励篡改制度。其他方面的研究成果并非如此，例如对历史和社会力量的猜想或假定不同变量间存在相互依赖关系，这些假设往往与现实无关。

有很多对“中介力量”的讨论，实际上是在说这些利益集团。如果这种表达方式是为了说明这些组织自己声称的职能与它们认可的这种制度的结构无关，那么就不必有异议。然而，利益集团和一些科学学派的代表更多地曲解了这个术语。他们声称，由于塑造历史的神秘力量的介入，他们要设法从社会的民法子结构走进政府官员的贵宾俱乐部。一些社会力量理应发挥作用。任何刚刚“社会地”出现的人,不再需要关心法律依据。另一个事实也证明了这一点，即“实际活动的规范效力”。

私法的重要性

当这一天幸福地来临，它不过是一件缺乏任何清晰法律意义的事情。至今没有人能够清楚地说明“实际活动的规范效力”与真实存在、已被证明的法律现象,如消灭时效、没收权利、取得时效、普通法的形成之间有什么区别。当然，在公开讨论中并没有提到认识这个已经清晰可见的区别的必要性。长期制定规范的力量似乎更重要。在此期间，一项之前不存在的权利可能被主张，一项现有的权利可能不被行使，或者人们会根据无效规则或违反有效规则采取行动。相比之下，“实际活动的规范效力”不需要大量时间，时间的作用被活动领导人的意志及其社会影响力替代。“实际活动的规范效力”教条向粉碎取得胜利过程中抵抗的力量致敬。

在这方面，这一教条与另一种法律现象，即成功的革命将废除现行法律并制定新法律的宗旨密不可分。

看上去，有必要将这一原则运用于社会核心不断出现的微小叛乱和结构性变化中。一旦事情这样安排，一些有足够影响力的集团或其他组织就会设法创造一个暂时不能被破坏的既成事实。紧接着雷神宙斯应当立即出现在云端，如果有可能的话，在没有任何形式间隔的情况下，庄严地宣布这一既成事实的合法性。利益集团管理者对此喜闻乐见。“实际活动的规范效力”教条通常就是这么被理解的，并不仅限于利益团体。

在法律实践中，“实际活动的规范效力”教条几乎没有得到重视。它具有决定性的重要性在于它的心理作用。任何在政治界活动的人都知道“实际活动的规范效力”口号对经济活动参与者和政治家的行为有多大影响。它促成了中央控制，打击了人们维护法治及其制度的意愿。

从这一点出发，畸形现象已经在我们的社会中显现。消除这种畸形的任务摆在我们面前。这不需要方济各会的布道，而是要务实地全力以赴。

主要关注法律和法律政治问题的笔者认为，我们现在需要行动起来。在法理学领域，首先要意识到忽视私法体系的危险。最重要的是，用理解规则如何管理活动来取代对“实际活动的规范效力”的信仰。

第五章
经济改革计划[1]

作者：路德维希·艾哈德

① Erhard, Ludwig. 1948. "A complete reform of the valid economic provisions." *Handelsblatt*, 22 June 1948.

每次探讨这个问题时，我总会很自然地遵循这样一个原则，看它是仅仅通过数量调节来解决商品供给与需求之间的矛盾，还是能够发现问题的根本。任何可能利用这个不明显但持续存在的矛盾，迫使我们在未来经济体系中继续采用旧的经济配给方式——包括价格冻结的规定，以及任何无法立刻终止价格调控下通货膨胀噩梦的规定，都会使进一步采取货币手段不可避免，并使这种危害继续下去。无论如何，一旦这个悲观的预测成为现实，便无须再多言未来的经济政策。今天的问题明天依然要面对，采取任何措施都无效。我反对这个经济原则，并非主张回归传统的自由主义经济模式或是赞同过去那些不负责任的掠夺行为。

个人和社会之间固有的紧张关系，永远都无法通过否认和放弃任意一方来缓解。于是，这个问题就变成，人们如何在不放弃其真实认同的情况下，找到适应更高形式的社会秩序的原则和方式。大家会注意到，我说的是“适应”而不是“屈从”。所有意识到经济形势中的固有局限性是由货币混乱引起的人，都会承认今天实行的经济原则，要么会导致市场经济更加自由化，要么会导致绝对的极权主义。也许我们无法就目标达成一致意见，但前进的方向是明确的：将人们从被官僚主义压得喘不过气来的中央计划经济中解救出来。因为官僚主义会破坏人们对工作和生产的责任心和义务感。长此以往，即使是最温顺的公民也会站出来反对。

然而，无政府状态或不断衰败的状态都不是人类社会存在的适当形式。只有当自由和义务成为强制性法律，由国家代表人民发声和行动才具有道德上的合理性。

具体而言，这意味着在币制改革之后，我们必须在生产和消费方面再次给予人们更大的空间，使其能够根据自己的意愿采取行动，从而自动形成以效率为基础的竞争局面。然而，社会一旦对这样做可能带来的异常情况或危险产生忧虑，就可能通过社会、经济或金融手段对其加以限制或者为其制定规则。危急之时，社会甚至不得不采取这样的措施。但社会不可能压制和损害人类最基本的天性而不伤及人类本身。诸如“自由经济”和“计划经济”这些常规术语，并没有因为存在争议而失去意义。将上述提及的各项政府措施合理地结合在一起，并不能证明合理地指导经济和直接代表民众采取行动是一个悲剧性的历史错误。历史上已有足够多的例子可以证明，此类经济规制很快就会演变成对人的监管、控制和彻底压迫。任何不能让个人完全自主地选择职业和消费的经济制度都侵犯了人权，并伤害了这些措施假意宣称所要保护的社会阶层。例如，今天或许有人会否认，目前实行的经济控制使穷人和弱势阶层遭受了最大的痛苦——尽管某些相关者可能反对这样的看法，或者让受到压迫和羞辱的社会阶层对这个制度深恶痛绝。

为了消除有关当前发展的一些疑虑，我要补充说明的是，不论是在币制改革期间还是之后，我都不认为全面放弃经济调控是可能或是可行的。考虑到经济调控在未来可能会被放弃，我们必须非常认真地探讨，为了使市场再次形成竞争和自由价格机制，调控应当从哪些行业开始，又应当按怎样的顺序进行？自由市场经济原则会降低工资在国民生产总值中所占的比例，这个教条主义观点并没有被实践所证实。相反，无数例子说明，资本构成和企业自有资本的形成在管控经济中的比例要普遍高于竞争经济。此外，资本要素在所有类型的国有经济中都起着最重要的作用。

一个经常被忽视的事实是，竞争制度不应只针对某些阶层，而让其他阶层被迫承担其导致的后果。各阶层绩效存在的差异，也应当合理地反映在收入上。面对当前的困境，除了其他国家为德国提供的援助和付出的努力之外，为了使德国人的生活水平得以提高而不是停留在令人无法忍受的低水平上，为了不付出极高的代价去购买所有进口商品，普遍扩大劳动和生产势在必行。各种物质资本的损耗及随后的强制更换、技术设备的磨损和报废、多年物资匮乏导致的劳动力体质下降、为成千上万难民优先供应商品的义务、德国人口年龄结构和两性比例的失调、与世界其他市场长时间的隔绝，所有这些负面因素都毫无疑问地说明，只有最强烈的劳动和生产意愿，才能使我们现有的物质、精神和情感资源释放出足够的赢利能力，以保障最起码的生活水平。在我们恢复正常心态后再去审视这些困难，就会发现：收入水平或者生活水平之间仍然存在的差距并不大；我所提及的制定针对社会问题的经济政策确实不仅是一种需要，而更是一个规律——暂且不考虑存在争议的经济制度。由于我们正竭尽全力摆脱贫困，这种失去个性的社会平均化将会演变成一种不良的社会风气。平均化帮助不了任何人，却会损害整个国家，破坏我们追求更美好未来的机会。

一个不得不衡量和比较劳动产出，并将提高生产效率作为首要目标的经济体，是不能放弃价格政策工具的。我指的是最广泛意义上的价格政策，包括财政、关税、工资、货币和信贷政策。需要再次指出的是，必须注意与币制改革相关的问题，因为如果不能在新的良好基础上真正持续不断地进行协调，那么只能采用东拼西凑的技术手段来改善货币状况。价格冻结不过是那些明显会导致混乱的政府政策的一种伪装。价格冻结默许行政管理失当和对全体劳动人民进行剥削，因而可称得上是经济管制——破坏政治氛围的急先锋。我们的任务不是少采用价格冻结手段，而是要彻底废除。只有这样，我们才能重拾道德情操。在过渡时期，为了避免社会出现困难，我们可以继续实行一些限制措施。但是，若想顺利完成币制改革，在这方面就不能做任何妥协。如果负责计划的机构能够谨慎地将这项政策交由市场检验，使之代表人民的意愿，那么价格自由波动制度甚至有可能与计划经济相容。然而，如果想在健全的国际货币网络基础上再次开展与其他国家的自由贸易，那么自由定价仍然必不可少。

只有从这个角度看，在币制改革之前进行价格调整才是明智的。这样做的目的是在币制改革之后停止对公共机构的补贴，或者使价格至少能大致覆盖企业的成本。根本而言，为了使预计价格接近可能的市场价格，需要采取相应的措施。然而，仅凭一种方法不可能制定出既符合经济规律又能为社会所接受的价格。由于生产能力尚未充分开发，基于成本制定的价格会过高。应避免价格过高的情况发生，正如同不能允许出现过低价格一样，因为价格过低无论如何都无法覆盖成本。因而，价格会在受到工资成本和工资政策决定性影响的固定范围内浮动。在经历了 12 年的价格冻结后，我相信所有价格本身，以及它们之间的比率一定是不准确的，因而在采取新措施之时——从原材料定价开始——只能大致估计价格和工资水平。要真正解决这个问题——或许是最重要的经济问题——大概要等到币制改革之后。价格与工资之间的关系会反映经济和社会环境的真实情况。同时，它也会使我们更加深刻地认识到，必须有节制地使用财政资源，只有通过增加劳动和提高生产力才能克服经济困难。

经济、社会和财政政策，只有在个人和各种社会团体参与决策的情况下才能够在生产中落实。相比之下，负责分配的初级官员随后采取的调控措施却必然会破坏经济秩序。似乎很明显的是，对那些可能的经济替代方案而言，这些内在的矛盾因素不能共存。我们不能在通过工资和收入政策保障生活水平的同时，又让政府通过手中的认购审批权来控制我们的生活。同样，币制改革之后，我们无法既通过商品和服务，又通过货币和信贷调控生产。这样做势必引起矛盾，其结果是导致新的荒唐制度出现，或者采取自身存在弊端的新措施。因此，最为重要的是在币制改革之后，所有负责经济事务的机构能够协调一致，并定期就准备采取的措施进行协商。在仔细权衡利弊之后，可以考虑在货币当局之外设立一个专门负责协调的机构。

有效经济条例的全面改革[①]

迄今一直负责管理英美两国占领区贸易和工业的经济立法机构将被全部终止履行职能——至少在调控和价格方面。行政委员会，特别是经济委员会已经采取或即将颁布的措施使这个问题没有丝毫的回旋余地。过去几天就这个

① 选自《商报》1948 年 6 月 22 日。

高度复杂的问题展开了密集的对话，但具体情况我们目前尚无法了解。但清楚的是，就废除现行的大部分法律条款以适应币制改革，已经形成了广泛的认同。

然而，关于未来需要采取什么措施，仍然存在分歧。占据上风的一些观点认为，为了使币制改革能够建立在一个稳定的基础之上，并使其促进基本的社会福利，必须一劳永逸地终止对经济和价格的所有控制。另一些观点则认为，在随后的几周内应更加谨慎地处理经济事务，然后逐渐放弃那些已经不再需要的调控手段。这两种方案究竟哪一种更好将取决于以下因素：个人囤积货物的规模，对外贸垄断不良影响的评估，是否有机会防止这些危险以及评估我们的信用状况。几乎随时都在增加新条款的新法律分为以下三个部分：

· 经济委员会通过的授权法案；
· 配给法令；
· 价格改革。

经济指导法案

在 1948 年 6 月 18 日举行的全体会议上，经过一场持续到深夜的激烈辩论，经济委员会颁布了经济指导法案。我们已经多次阐述过新立法的实质。法律赋予“行政委员”根据法定指导方针实行定量配给，以及解除对商品、物品和服务的价格管制的权力。但委员们实行定量配给的权力受到了紧急控制法的约束，该法律在上文提及的会议中已被修改。在物价方面，经济委员会在很大程度上已不再受价格法案的约束，但必须遵循经济指导法案。负责行使权力的委员将得到由 5 名经济委员会成员和 3 名州议会成员组成的监督咨询委员会的帮助。该委员会成员的任命在全体会议上遭到强烈反对。尽管全体会议无权否决行政委员的决议，但可以确保由经济委员会负责处理那些存在争议的措施。经济委员会的大多数成员认为，监督咨询委员会不应拥有否决权，因为紧随币制改革颁布的命令和条例必须刻不容缓地执行，以避免不可挽回的损失。

主要食品和基本原料的进一步定量配给

必须强调的是，经济指导法案视为约束行政当局的指示。但是，它们不应被视为每个公民的强制性义务，这一点在实践中将具有特别重要的意义。经济指导法案指出，应该优先考虑终止定量配给，但主要食品和基本原料必须继续定量配给，特别是服装、纺织品、鞋和肥皂的配给。此外，就未实行定量配给的物品，应发布供给指导以及启动或停止生产的命令。该法案规定对商品实行统一登记制度——不同于现行的单项许可证制度。在价格指导方面还规定，只要可行就要优先解除管制，但对主要食品、原材料、租金和交通费仍实行价格管制。只有经济委员会有权取消对农产品、煤炭、天然气和电力的价格管制，并在对最高价格进行管制的同时，监督所有价格（包括已解除价格管制的商品）的执行。任何滥用经济权力的行为都必须受到惩罚。

新出台的经济指导法案第四条规定，制定信贷政策是经济委员会的主要职责。这项受到格外重视的规定具有相当大的现实意义，因为信贷对决定经济进程起着至关重要的作用。经济指导法案第五条指出，有必要放宽对工资和薪金的限制。

经济机构的建立

紧急控制法修正案和该法案的第一项执行条例都与经济指导法案直接相关。改革的重要特征是，经济委员会已获取立即筹建经济机构的权力。由来自所有贸易和工业领域的代表组成的经济机构，将作为独立的法律实体开展工作。新的经济机构将取代过去的监督机构，并且主要履行以下两项职能：

· 代表委员向个体企业发放配额；

· 进行与进出口贸易相关的必要活动。

经济委员会将为每个经济机构指派一名代表，负责监督该机构的工作，并在经济指导法案的框架内为该机构提供适当的指导。根据法律规定，经济机构有权要求了解和提供信息。

新法案还授权委员在颁布法律措施之前与特别委员会进行协商。若选择放弃咨询特别委员会的权利，则必须在时限前（1948 年 12 月 31 日）提出。修改条例还赋予每位委员发布详细指令的权力。除了这些基本法律，经济委员会还重新审查了备受争议的价格条例，最终决定允许委员制定天然气价格和电力价格。存在争议的贸易和工业价格条例没有获得批准。但是，鉴于废除价格管制的法令即将实施，这项条例的重要性大大降低，而且贸易和工业界对它的兴趣也不大。贸易和工业界的注意力都集中到了币制改革上。

定量配给的变化

定量配给的法律将出现以下两个改变：放宽管制和扩大自由化幅度。在本文发表之前，解除定量配给的一些规定——在现有法律允许范围内——可能已经颁布。其余规定要在新法案得到州议会以及联合政府和军政府的批准之后才会颁布。估计与纺织品、鞋、皮革、玻璃和木制品相关的规定也会立即与负面管制条例一起出台。鉴于在某些领域仍然实行定量配给，这些管制与之前相比可能会更为宽松，人们也不会再议论定量配给的问题。

这些规定都是基于企业对资金过度短缺将使生产有利可图的预期,因此定量配给制度就显得多余。需要补充的是,对贸易和工业领域中的一些规定仍存在争议，如解除对木材的定量配给。

结束价格管制

《价格自由化法令》将列入一些新的措施，但这些措施要等该法令颁布后才会出台。该法令的主要内容为：

· 大量的价格规定仍会保留；

· 所有未提及的规定都将废止；

· 工商协会必须定期提交有关解除价格管制的报告。

所有农产品、食品、煤、焦炭、肥皂、洗涤剂、电力、天然气、化肥、水、汽油、胰岛素和青霉素很可能维持现行价格。铁、生铁、轧钢机和低碳产品的价格可能继续受到管制。对租赁和进出口贸易也会继续实行管制。其他继续实行价格管制的项目包括：交通费、公共收费、专项收费和药品。尚未确定是否解除对鞋类和纺织品的价格管制。有色金属价格将根据世界市场价格进行调整。

有关公共服务的条例和价格规定将继续生效。根据经济委员会的指示，将颁布一项特别规定，以禁止滥用提高价格的手段，并对该行为施以严厉处罚。正常形成的价格不会受这项规定的影响——刻意利用商品短缺谋取不正当利益除外。这项规定将具有重大意义，因为它减少了负责监督价格的官员必须专心处理的事务。

新的事实

在官方政策从管制经济向自由市场经济转型时，我们所做的不仅是引进了限制经济行为的措施，而且正在重塑整个经济体系和社会生活，使其有一个全新的开始。我们必须摆脱束缚思想的专制主义和极权主义。我们必须建立这样一种制度，它是基于能够自动整合的和有责任感的有机经济体之上。令人欣慰的是，我们摒弃了使我们国家陷入苦难和悲伤的无灵魂的集体主义，转向了以真正的责任感为基础的国家哲学。

这种自由并不意味着为所欲为或不负责任，而是为了满足整个社会的需求。我们希望新经济和社会秩序的精神基础，不是一个无视个人存在的无情无义的腐朽国家，而是一个受到个体自由和崇高理想激励而自然发展的国家。然而，虽然表面上看计划经济和市场经济显然能够并存，但事实并非如此简单。历史经验和逻辑思维的结果都表明，计划经济在经过不同的过渡阶段后都会毫无例外地转向管制经济。而指责市场经济采用了杂乱无章的措施则完全是一个误解。在我看来，在币制改革后的八周至十周内，我们制订的计划、为未来所做的规划和准备比整个管制时期都要多。

计划经济的最终结果往往是企业家和消费者屈从于政府意志，或者更糟，屈从于无情的官僚主义。遭到贬斥和羞辱的公民，会无时无刻不感受到身上的枷锁。而我们的任务就是砸烂这个制度枷锁，用市场经济取而代之。市场经济与强加在它身上的指责毫无共同之处，这些指责听起来就好像源自旧自由主义的垃圾。现代市场经济不是旧时代掠夺式的自由主义，也不是“各种力量之间的相互自由作用”，等等。现代市场经济允许个人通过赋予自身个性至高无上的重要性而获得存在感，并且确保所有付出都能获得相应的回报。

如果我们仔细审视过去十周发生的事情，并冷静地反思：我们选择的道路和采取的行动是否正确？它是否真的造成了如指责所说的那么多的危害和干扰？然后再回想一下我们在币制改革发生时的处境。这就是我要特别强调的一点。实行币制改革而不同时改变经济政策，注定要失败。精明的读者不可能看不到这一点。

在币制改革之前，经济运行已称不上正常。货币混乱，以及官僚主义在中央集权经济中的盛行，致使高度发达和成熟的市场不得不采取原始易货贸易手段。有序的生产形式已全部停止，留下了一群丧失了灵魂的惊慌失措的个体——不再有责任感，只关心自身。与此同时，我们克服了这种情况。我们在短短几天内就控制住社会混乱，不能不说是个奇迹——事实上不过是根据形势做出最佳选择。这个奇迹要归功于新货币的发行和坚定的经济政策改革。

第六章
德国币制改革与经济复兴[①]

作者：弗里德里希·A. 鲁茨

① A. Lutz, Friedrich. 1949. "The German currency reform and the revival of the German economy." *Economica*, New Series 16 (62): 122–142.

德国经济在1945年崩溃后，迅速恶化成易货经济，导致货币不再是账户单位、付款方式（除了在购买少得可怜的官方配给时），也不再是价值储存手段。对经济学家来说，随着1948年6月20日的币制改革而结束的这段时期，为其在学术讨论中经常涉及的货币问题提供了一个独特的例证：个人和商业公司通过商品交换的方式获得了所需要的大部分商品，但有时候也需要进行一系列交易才能如愿以偿。在每个公司的职员中都会有几名被称为“补偿者”的行家。例如，公司需要用于包装的纸板时，“补偿者”便有义务用本公司的产品去交换打字机，然后用打字机换鞋，最后再用鞋去换包装纸板。这样做不仅违法，而且成本巨大。仅仅笔者就知道这样一个例子：为了获得一箱特殊的漆料，“补偿者”要进行5次长途旅行，而以前所要做的不过是将1张明信片放入信箱。

工人和雇员也坚持其部分报酬以实物的方式支付，因为他们需要用这些物品去交换自己想要的东西。因为官方配给的物品价格总体上与战前持平，所以大多数人没有赚更多钱的愿望。如果一个人可以抽出时间在自己的园子里耕作，或者去乡下寻找食物和去黑市交易，那么对他来说，每周少去公司工作一两天就是划算的。企业像消费者一样，很难精准地计算交易，因为每种商品在市场上都会有不同的价格；而且黑市中每笔交易（不论是通过货币交易还是以物易物的方式）的价格，都是由交易者的议价能力决定的。一件商品的价格，可能是在另一个地点同时进行交易的同一商品价格的两倍。经济活动便以这样的方式“组织”起来，使个人和企业的自身利益与其共同利益相冲突。从事一份固定工作赚的钱最少，所以要想生存就必须违犯法律。到 1948 年中期，德国经济已处于瘫痪状态，导致大部分人口处于饥饿状态。

有鉴于此，1948 年 6 月 20 日的币制改革势在必行。

改革的技术手段

在德国之外，人们普遍认为，德国币制改革的重点是以 10 个帝国马克（RM）兑换 1 个德国马克（DM），除政府机构全部债务一律勾销外，其他债务均按相同比率缩减。实际情况要更加复杂，特别是考虑到随后的发展，采用10:1的比率似乎是错误的。实际情况是，在改革的第一天，所有人的现金都必须存入银行，之后个人拥有的帝国马克存款会按10%的比率转换成德国马克。经税务机构批准后，账户中德国马克资产的50%可自由支取（即所谓的“自由账户”），而另外的50%则被冻结。然而，即使在这个阶段，10:1的比率也不适用于所有人。每个人都会得到60德国马克（其中40德国马克立即发放，余下的20德国马克随后发放）的“人均配额”，可以用帝国马克换取相同数量的德国马克。那么，一个有3个孩子的家庭就可以得到300德国马克的“人均配额”。如果在按照“人均配额”用帝国马克兑换完德国马克之后，他们的银行账户中还有2 700帝国马克，就等于他们用3 000帝国马克兑换了300德国马克，10:1的比率在这种情况下是适用的。但是，如果这个家庭没有银行存款，那么他们用300帝国马克就可以兑换300德国马克，即兑换比率为1:1。10月1日，政府进一步决定，银行账户中原来被冻结的那50%德国马克存款中的70%作废，20%转入“自由账户”，剩下的10%可在以后用于投资长期证券。

由于被冻结存款中的70%被核销，因而兑换比率从10:1降至10:0.6或16:1。核销德国马克绝对犯了一个心理错误，因为德国人宁愿被核销的是帝国马克。然而，就在改革实行几个月之后，行政当局就核销了一部分新发行的德国马克。这一事实无疑严重地打击了人们对新货币的信心。此外，因为比率的变化并不适用于私人债权，所以与私人债权持有人相比，货币持有人处于不利地位，这使人们更不愿意持有现金。

与个人一样，企业在币制改革当日也获得了预付德国马克，因为企业在改革后的一周内需要支付工资、进行交易活动。企业可以按每位员工60德国马克的“人均配额”兑换德国马克，但作为交换，600帝国马克将被核销。如果企业没有所需的帝国马克存款，就可以按1:1的比率兑换这笔资金。但每个员工60德国马克的额度并不足以支付改革后第一周的工资，因此很多员工在这周内通过接受低于全额工资的方式向企业提供信贷。第一周之后，工资可以用销售收入或由税务机构逐步释放的50%的德国马克存款支付，也可以用从银行借贷的资金支付。

公共机构［州（现称为Länder）和自治市］，以及德国铁路局和德国邮政局也会获得预付德国马克，直至其收入能够支付开销。公共机构持有的全部帝国马克存款都会被核销，而获得的德国马克额度与其在 1947 年 10 月 1 日至 1948 年 3 月 31 日期间的平均月收入相等。由于事先知道帝国马克存款将作废，公共机构在改革之前的几个星期，便尽最大可能拒绝接受以帝国马克货币形式缴纳的税款。相对谨慎的市政府则坚持立即收缴税款并保持流动性，因此与那些有大量未偿贷款的市政府相比，这些市政府处于不利地位。德国铁路局和德国邮政局的全部帝国马克存款也被核销，并获得额度为其在 1947 年 10 月 1 至 1948 年 3 月 31 日期间平均月收入一半的德国马克。三个占领区的军事管制政府共获得了 7.7 亿德国马克。

在改革后的第一周内，货币的偿付总额达到 135 亿帝国马克，申报的银行存款共计 1 098 亿帝国马克。但应该注意的是，并非所有已发行的帝国马克都得到了偿付，因为回收过多可能带来黑市操作的风险。

表 6.1 为币制改革发行的德国马克数额（自由账户的数据只是估计值，因为它们是逐步释放的，直至 1949 年 1 月才大致释放完毕）。德国马克证券不是由银行信贷发行的，我们称之为德国马克的“信用发行”。

表 6.1　币制改革发行的德国马克数额

单位：百万德国马克

“人均配额”	2 850
州和自治市的初始赠予金	2 360
商业、铁路局和邮政局的初始赠予金	810
军事管制政府	770
“自由账户”（包括 10 月从“冻结账户”中释放的 20%）	5 500
总计	12 290

全面了解币制改革的技术手段，首先需要了解它对银行体系产生的影响。目前德国的银行体系分为三个层次：商业银行、中央银行（Länderbanken）以及占主导地位的德意志国家银行（Bank Deutscher Länder）。为打破帝国银行的垄断地位并建立一种联邦储备体系，这个复杂的银行体系在币制改革之前就已被引入。但在联邦储备体系中创建一个超级中央银行（德意志国家银行）的情况并不多见。中央银行既可以在超级中央银行存款，也可向其借款。如果将中央银行废除，商业银行便可以直接与德意志国家银行打交道，因为处于中间层的中央银行，并没有德意志国家银行和商业银行无法履行的有用功能。但是，尽管单一的中央银行会比现在过度集中的中央银行系统更经济、更有效，并且创建德意志国家银行的必要性证明集中化是不可避免

的，但是废除（不必要的）中央银行仍然可能带来某些负面影响。例如：某种类似于商业银行和帝国银行之间的旧关系可能会恢复；单一中央银行的垄断地位令人反感（尤其是美国政府），西方国家的联邦主义意识形态重新出现。这些都曾经并且仍然阻碍着银行体系的集中化。据此可以预见，中央银行某一天可能会再度消失，但我们现在必须将其纳入讨论范围。

先从商业银行开始讨论。改革前，商业银行典型的资产负债表在资产部分会列出的主要项目有：第一，以现金形式存入地方银行的流动资金、库存现金，以及在其他银行的存款余额；第二，金额不多的各类贷款，因为公司和企业都有足够的流动资金，不需要贷款；第三，政府证券形式的投资——无价值；第四，实物资产，如建筑物。负债部分的主要项目包括：活期和定期存款，以及股东权益。唯一能够列出确切数据的是资产部分的流动资金和贷款，以及负债部分的存款。

币制改革首先按照约为 10:1 的比率将个人账户中的帝国马克存款兑换成德国马克。随后在 1948 年 10 月 1 日将这个比率调整至 16:1，但其他银行的存款却被核销。在资产部分，包括银行同业存款在内的所有流动资金一律核销。

银行的每 100 德国马克活期存款额可得到 15 德国马克预付金，每 100 德国马克定期存款额（包括储蓄存款）可得到 7.5 德国马克预付金。这笔预付金被记入商业银行在其所在州的中央银行存款账户中。商业贷款按 10:1 的比率进行了缩减，投资（德意志帝国证券）一律核销。实物资产的估值方法尚待确定。这一程序造成了资产和负债之间的差距，且后者远远超过前者。在银行的资产负债表中，由于银行要使业主的资本金额等于新的定期存款和活期存款额的 5%，致使资产和负债之间的差距扩大。为了使资产等于负债，银行将获得公共机构的债权（Ausgleichsforderungen），债权额度等于资产与负债之间的差额加上资本，债权年息为 3%，不可销售，但可作为向中央银行借款的抵押品。

中央银行的德国马克初始资产负债表必须表现以下负债项目：

· 在商业银行的存款（见前文）；
· 州和自治市的存款，等于这些公共机构的德国马克初始赠予金额；
· 公众在中央银行的德国马克存款金额，约为其之前在中央银行帝国马克存款金额的 1/10（之后为 1/16）；
· 业主资本，法律规定以 1:1 的比率将帝国马克资本兑换成德国马克资本。

在资产部分，所有帝国马克形式的流动资金（中央银行和德意志国家银行持有的现金和存款）一律核销。中央银行在德意志国家银行的存款，按每100帝国马克兑换30德国马克的比率作为储备金。资产部分的另一个主要项目，即德意志国家银行资本中的股份（已被联邦储备体系接管），可以从帝国马克折算成等额的德国马克。该情况和上述情况一样，资产额也低于负债额，中央银行可以通过获得它们所在州的债权来填补这个差额。

最后，作为“新货币发行机构”的德意志国家银行在初始资产负债表中必须表现以下负债项目。

· 向公众发行的货币（“人均配额”）和向公司发行的货币（每位雇员60德国马克）。
· 中央银行的存款（见前文）。
· 铁路局和邮政局的存款。
· 军事部门的存款。
· 相当于帝国马克金额的德国马克法定资产。法定资产主要包括外汇、实物资产（如建筑物），以及为了填补资产与负债之间的差额而向英美两国占领区索取的债权。[1]

在这个总体框架下，货币政策有两种调控手段：贴现率和改变对法定储备金的要求。中央银行董事会可以在活期存款的8%～20%之间，以及在定期存款的4%～10%之间调整储备金要求。对德国银行体系来说，法定储备金要求是一个新的概念。因此那些以往现金储备很少的银行（总是依赖帝国银行的再贴现）就必须学会适应新的角色。银行作为货币管理机制的一部分，在新的银行体系中有义务提高储备金——非营利性资产——在资产中所占比例。公开市场操作当时还不是货币管理手段，因为中央银行和德意志国家银行均不持有有价证券，商业银行或公众手中也没有类似证券。

为了防止通货膨胀，法律规定货币的发行上限为100亿德国马克（后来的发展表明这个上限定得过高），并规定对中央银行系统发放给英美两国占领区和州政府的信贷额进行限制。

对币制改革的批评主要集中在社会公正方面。社会公

① 这项新制度一旦开始实行，中央银行和德意志国家银行的资产中就会包括再贴现和垫付。德意志国家银行的资产还要包括进口商为进口支付的款项，以及支付给出口商的款项。

正要求对所有财产，无论是现金、债权，还是实物资产，都平等对待。然而，实物资产持有人却比以贷款或证券形式持有资产的人更受益。[①] 而私人债权持有人又比银行存款所有人更受益，因为银行存款的缩减幅度比私人债权要大。在流动资金所有者中，持有现金较少的人更受益，因为他们可以按 1:1 的比率获得“人均配额”，而那些拥有“足够”现金（包括帝国马克银行余额）的人则是以 16:1 的比率获得。最糟糕的是，德意志帝国债权持有人的债权被全部核销了。

这种不公正本应通过平均承担战争损失（尚未完成统计）的方式来弥补。一方面，战争损失赔偿应基于对所有实际资产的评估；另一方面，还要基于对由于轰炸、被民主德国驱逐、战争赔款及币制改革造成的所有损失的评估结果。实物资产（房屋、厂房、库存等）当前所有者的抵押贷款，应分配给那些蒙受损失的人。但是，人们普遍认为这个方法行不通。因为确定剩余资产的价值已十分困难，而确定损失的任务更不可能完成。民主德国难民的损失，以及轰炸给联邦德国人民造成的个人财产（家具、贵重物品等）

---

① 房地产业主的抵押贷款按照 10:1 的比率缩减，但要继续按原始抵押贷款额来支付利息，利息的 1/9 将支付给地产所在的州政府。

损失的数据根本无从查找。能够粗略估值的只有那些被轰炸毁坏或保存完好的建筑物。在这种情况下，社会正义不可能实现。

德国政府本应在1948年底之前解决“平均承担战争损失”问题，但相关法律没有获得通过。对损失财产和现有财产进行估值的巨大困难已经证明，未就之后程序达成协议是个明智之举。此外，对于是否应该通过“平均承担战争损失”来实现新的财产分配，以及财产分配是否应基于战前水平，也没有达成一致。

德国制订了一个战争损失临时赔偿方案，对低价值房地产（15 000德国马克以下）征收2％的资本税，对较高价值的房地产征收3％的资本税，对“必需”库存征收4％的特别费用，对“过剩”库存征收15%的特别费用，征收的款项用于救济贫困人口。尽管这个临时方案并未成为法律，但其条款清楚地表明了任何解决赔偿问题的方案都必然会导致的经济后果。在德国经济急需新的资本时，战争损失赔偿将会导致资本消耗。也就是说，征税会阻碍许多企业进行资本置换，因为它们支付的赔偿费用会被接受者用于消费。由于贫困人口只是在道义上有权获得救济，所以并不能解决问题。更明智的做法是：核销由不可抗力造成的战争损失，为真正的贫困人口制定独立条款以帮助他们开始新的生活，在进行币制改革的同时确定还需要做些什么，而不是期望通过一个最终的战争损失赔偿方案实现完全的社会正义——不可能达到的目标。事实上，这个具有严重不确定性的方案会阻碍企业和个人计划的实施。这一事实对 1948 年下半年的事态发展产生了显著的影响。

币制改革被社会公认是不公正的，无论战争损失赔偿采取什么样的形式，都不会改变这一事实。既然难以找到避免不公正的办法，那么严厉指责币制改革不公正便没有太大意义。

抛开社会公正问题不谈，从纯粹的货币角度来看，币制改革也发行了“过多的货币”。不将逐步释放的自由账户和 1948 年 10 月释放的冻结账户中 20% 的资金计算在内，最初发行的货币总计约为 59 亿德国马克。在该年下半年，释放出来的资金导致货币总量持续增加，正如上文所述，直至“信用发行”于 1949 年 1 月达到 123 亿德国马克，而其中也必须将并非通过银行贷款给企业的那部分钱计算在内。由于企业在自由账户中的钱是逐渐释放的，而且不能随时提取，所以尽管许多企业在银行的存款余额足以为其提供运行资金，但其仍然不得不从银行借款。企业最终产品到达消费者手中的环节越多，也就是说，资金从消费者“人均配额”或自由账户流向企业所需的时间越长，企业需要从银行借款的数额就越大。因此，随着自由账户的逐渐释放，银行信贷也在不断增加。在112家具有代表性的银行中，客户贷款从1948年7月初的1.04亿德国马克增长到该年年末的17.87亿德国马克。因为这112家银行的贷款额约占所有银行贷款额的35%～40%，所以1948年底的银行贷款总额应达到45亿~50亿德国马克。

在币制改革时，没有人能够预知，需要多大的货币量才能使价格大致保持在当时固定的水平。事实上，就币制改革究竟导致了价格上涨还是下降，经济学家并没有形成一致意见。大多数经济学家认为改革导致价格面临通货紧缩的压力。但事实上，结果恰恰相反。由于币制改革的影响无法预测，明智的做法是尽量减少“信用发行”（先给予较小的“人均配额”，然后再采用更高的货币替换比率，以降低帝国马克的价值），而后随着生产的扩张，再通过银行借款增加德国马克的数量。

当然，这个做法本身并不能防止通货膨胀。根据旧的银行理论，货币是由对有效票据进行贴现产生的，货币本身不会导致价格水平上涨，因为货币数量是随着商品数量的增加而增加。但这个理论是站不住脚的。根据币制改革的程序，中央银行有权通过贴现政策阻止货币增加。然而事实上，在币制改革的最初几个月，中央银行几乎无法控制货币的数量。中央银行既没有阻止“信用发行”逐渐扩张的手段，也不能出售证券——以吸收从“自由账户”中逐渐释放的货币，因为它们持有的州政府和英美两国占领区的债权是不可出售的。不论是贴现政策，还是要求提高准备金，都对“信用发行”产生不了影响。第二种方法只会迫使银行基于对州政府的债权从中央银行系统借款，因而既不可能减少“信用发行”，也根本无法降低信用发行的扩张速度。[①] 在发现“信用发行”过度扩张，并随着循环加速而导致物价普遍上涨时，中央银行本应能够减缓由于银行信贷发行而带来的进一步扩张。它们也确实在这方面做了努力。但是，银行信贷停止扩张就意味着生产过程瘫痪，因为那些拥有只能逐步被释放的自由账户的企业，如果要继续生产，就必须从银行借钱。此外，由于自由账户的分布非常不均衡，即使企业的自由账户已经及时释放，许多企业仍然需要借款才能维持或扩大生产。因此，只有在大

① 在 10 月对冻结账户中 20% 的资金（约 9 亿德国马克）进行释放并不必要，因为通货膨胀趋势在当时已经十分明显。

多数账户都被释放，以及银行信贷实现一定程度的扩张之后，银行政策才会生效。另外，如果“信用发行”控制在合理范围之内，就可以允许银行信贷大幅度扩张，而且不会带来通货膨胀的风险。货币政策也可以在银行信贷数量相对较大的情况下有效运行，并将货币总量控制在远低于预期的水平上。

正如前文所述，州政府获得的初始赠予金是以存款形式存放在所在州的中央银行，而邮政局和铁路局的初始赠予金则存放在德意志国家银行。这种制度进一步限制了货币政策的实施手段。德国马克的这些支出增加了商业银行的流动性，所以在改革后的最初几个月，其他银行不需要中央银行进行再贴现，以获得其信贷扩张的必要支持。令许多观察家意想不到的是，这就是改革后商业银行巨大流动性的主要来源。还有其他因素也提高了商业银行的流动性，例如 9 月发放的第二笔“人均配额”（每人 20 德国马克，总计达到 10 亿德国马克）。由于商业银行在中央银行的存款额大致相等，并且人们将获得的新的“人均配额”中的一部分存入了商业银行，后者的存款准备金比率有所上升。银行体系存在巨大的流动性就意味着贴现政策不会真正有效。只有提高准备金要求才能应付这种情况。但是，对德国银行来说，这是一种并不受欢迎的全新手段，因此政府一直犹豫是否采取这个手段——直至后期才得以运用。如果州政府、邮政局和铁路局的初始赠予金都以存款的形式存放在商业银行，流动性过剩的问题就不会出现。

当价格开始迅速上涨、社会随之出现动荡时，政府确实采取了阻止银行信贷进一步扩张的措施。11 月 10 日，除了用于外贸的银行承兑汇票外，政府对到期日低于 10 天的银行承兑汇票的重新贴现进行了限制。12 月 1 日，对于所在州有中央银行的所有银行，政府将活期存款的准备金要求从 10% 提高到 15%，并向它们发出警告：贷款总额在原则上不应超过 10 月 31 日的水平。部分由于采取了这些限制性措施，部分由于我们下文将会提及的其他方面的情况，价格在 12 月下旬又开始回落。

政府虽然认真考虑过提高贴现率的问题，但并没有利用贴现率来阻止信贷的进一步扩张。考虑到商业银行的流动性，这个方法并不十分有效。贴现率始终保持在 5%的水平，银行向客户收取的利率始终维持在 6% ~9%，因贷款额度和提供担保的不同而有所不同。提高储备金要求导致银行向客户收取的利率增加了约 0.5%。

德国政府显然不打算采取低息货币政策。相反，准备以标准化的方式使用贴现政策，并且也能够在不担心政府证券价格受影响的情况下做到。因此，德国又回到了使用经典货币政策手段的时期。由于德国在尽可能地向自由市场经济回归，我们见证了一个由于战败及其后果而陷入经济瘫痪的国家的惊人情景：按照“陈旧的”古典经济学规律来重建经济，并取得了显著成功。

币制改革的影响

改革产生了令人惊讶的直接后果。6月1日（星期六）零售商店中的报纸销售一空。到了6月21日，各个商店都摆满了琳琅满目的商品：家居用品、纺织品、相机等。这些商品之所以被囤积起来，是因为人们知道改革就要开始了。没有商人愿意增加自己手中的帝国马克。自战争结束后，商品供应从未如此丰富过；而在改革后的几个月内，商品就销售一空。在改革的第一周，货币量不足导致留存的资金全部流向市场。商品供应出现如此戏剧性的变化，也是币制改革一开始就被大众普遍接受的主要原因。但是，随后6个月的发展，却不能都归功于币制改革。几乎所有的工业生产（最重要的例外是煤炭、钢、铁）都回归了自由市场经济。马歇尔援助计划在年底大体落实，其与币制改革共同使德国经济显著复苏。

许多评论意见认为，不应该放松对经济的管制，至少不应该那么快。然而，鉴于人们对价格和数量管制机制已完全不信任，管制措施又难以有效实施，再加上负责实施管制的官员权力有限，那么在大胆放松经济管制的同时进行币制改革无疑是正确的。但是要推行这一政策，必须依靠心理战术。币制改革营造了一个充满希望的全新氛围，在这种氛围下，人们也会愿意接受其他措施。如果对经济的管制再持续几个月，那么政府再想解除管制便难上加难了。当价格开始上涨时，即使社会主义者想建议对经济重新实行管制，也已经缺乏信念和勇气了（在法兰克福就此问题进行投票表决时，由于到场的社会主义者人数不足，他们的提议被否决了）。

在币制改革创造的新形势以及工业生产部分回归自由市场的情况下，工业产量迅速增长。遗憾的是，我们没有掌握反映工业产量增长的准确数据。表 6.2 列出的工业生产指数显示，1948 年 6 月至 12 月，英美两国占领区的增幅为 53%，但这个数据有可能夸大了。因为币制改革之前的部分隐性库存，以及被作为战后“赔偿”的部分产品并未登记在册。另外，该数据也可能未将改革之后的生产扩张结果计算在内，因为还有一些隐性库存或隐性“黑色”交易未经税务部门登记。总体上可以认为，与改革前相比较，产量的增长幅度或许并不像这个指数显示的这么大。此外，各行业的发展情况也有很大区别，某些半成品和成品生产的增长最为显著（见表 6.3）。

表 6.2　工业生产指数（1936 年 =100）

1948 年		1948 年	
4 月	53	9 月	70
5 月	47	10 月	74
6 月	51	11 月	75
7 月	61	12 月	78
8 月	65		

资料来源：*Monthly Statistical Bulletin of the Control Commission for Germany* (British Element), December, 1948。

表 6.3　英美两国占领区选定商品的生产

	煤炭（千吨）	生铁（千吨）	钢锭（千吨）	卡车和公交车（千辆）	客车（千辆）	货车（千辆）	自行车（千辆）	皮鞋（十万双）	合成纤维（千吨）
1936 年平均生产	9 747	1 046	1 187	3.0	14.5	—	71.6	3.3	1.9
1948 年 1—6 月平均生产	6 796	298	335	1.5	1.6	16	42	1.3	2.2
7 月	7 764	402	457	2.3	2.6	41	77	2.0	3.1
8 月	7 457	433	510	2.4	2.1	51	93	2.2	3.6
9 月	7 569	469	571	2.8	3.5	325	107	2.6	3.8
10 月	7 868	511	610	3.2	3.8	684	116	2.6	4.3
11 月	7 718	493	599	3.4	4.0	729	124	2.5	4.8
12 月	8 096	514	612	3.9	4.3	814	127	2.6	5.2
1949 年 1 月	8 205	547	651	—	—	—	—	—	—

资料来源：*Monthly Statistical Bulletin of the Control Commission for Germany* (British Element), December, 1948；联合经济区（西占区）统计局出版的 *Statisitsche Monatszahlen*, December, 1948；1 月的数据来源于 1949 年 1 月联合经济区统计局发布的经济形势报告。

生产的扩张并不是由就业增长导致的。改革之后，英美两国占领区的失业人口实际上反而增长了，从 1948 年 6 月的 44.2 万人增长到了 12 月的 74.3 万人，部分是因为季节影响，部分是因为物价下降。截至 1949 年 1 月，失业人口进一步增长到94.4万人。以下是导致生产增长的几个原因。

- 旷工率的下降。1948年5月，一个工人每周平均旷工9.5小时；至同年10月，旷工时间减少到每周4.2小时。[①] 这个变化显然是币制改革的直接后果，靠工作赚钱再次变得合算。
- 更高的生活水平导致每人每小时生产率提高。有数据显示煤矿工人的生产率提高不明显，其他工作生产率的提高则没有数据可以参考。但是，由于煤矿工人在币制改革之前享有特权，所以不能将他们的情况普遍化。大多数行业的雇主都认为生产率有所提高。
- “实际”成本下降。许多以前从事易货交易的人（如所谓的“补偿者”），或从事与经济管制相关的文书工作的人，现在可以重新参与生产性更强的工作。改革前为了进行商品交换，许多企业经常不得不去生产并不在其业务范围之内的商品。但现在企业可以专注于生产最能发挥其特长的商品。
- 最后则是通过马歇尔计划获得的原材料。这些原材料

---

① *Statistische Monatszahlen*, op. cit., December, 1948, p. 17.

在当年年底才开始大量供应。所以可以推测，在改革之初，许多公司仍有战争结束时遗留下来的原材料库存。

现在我们来看看币制改革后的价格走势。遗憾的是，我们没有掌握有关价格指数的数据。英美两国占领区的生活成本指数（1948 年 7 月为 138，1948 年 12 月为 144）完全是误导性的。仍然被控制的商品的价格对生活成本有很大影响，特别是租金和农产品价格。农产品主要在黑市进行交易，价格比受控价格高出许多倍。因此，在 11 月，黑市上一磅黄油的价格约为 20 德国马克，而官方价格是 2.56 德国马克。在工业品价格方面，我们发现，一件普通男衬衫的价格在 1948 年 7 月至 12 月间上涨了 144% ~ 176%。在 12 月，其价格在不同地区处于 13.9~18 德国马克之间。长筒袜的价格（在汉堡）上升了 342%，12 月时其价格为 12 德国马克。男鞋（在汉堡）的价格上升了 118%，12 月时其价格为 45 德国马克。[①] 其他大多数消费品的价格上涨幅度比上述略低。但总体来看，直到 12 月中旬，价格呈急速上升趋势。

① 数据来源于 *Statistische Monatszahlen*, op. cit., December, 1948, p. 44。

1948年7月，煤矿工人每月的税前工资平均为269德国马克，至10月仍然只有273德国马克，而其他行业工人的收入远远低于这个水平（1948年9月，一个熟练技工的每小时工资数额在巴伐利亚州的1.14德国马克和汉堡的1.42德国马克之间）。因此，价格上涨导致了社会动荡并不奇怪。但总的来说，德国工人对工资的要求表现出惊人的克制。之所以如此，是因为他们考虑到了通货膨胀因素，明白工资增长最终也会因为物价的进一步上涨而变得没有意义。

在币制改革之后，德国必须重新制定价格。改革时期受控价格的结构，没有反映出各类商品的相对稀缺性。因而，必须在不参照以往价格的情况下，制定能够反映商品相对稀缺性的新价格。卖家在开始销售一件商品时，会根据自己的想法随意定一个价格，但随着货币在年底前不断地流向市场，他们会提高这件商品的价格。新价格形成的反复调整过程，体现在同一商品于同一时间在不同商店的显著价格差异中，而不同地区之间的价格差异更大。竞争的作用体现得十分迟缓，因为卖家没有掌握足够的市场信息，而且在经过近20年的计划经济和价格控制之后，他们不得不重新学习观察市场，以利用价格差异赚取利润。长期的价格控制产生的另一个影响是，生产者已经习惯于“价格等于成本加合理利润之和”的计算方法，因此只能继续制定反映商品成本的价格，而无法根据高需求制定更高的价格以赚取更多的利润。另外，批发商和零售商因为更接近消费者，所以能根据需求的增长而将商品价格提高到“能够承受”的水平。在这个时期，赚取了大额利润的是贸易商而非生产商。

上文中提到的部分数据体现了下半年相对价格结构的变化。这组零售价格数据显示，1948 年 6 月至 12 月，单个商品的价格变动幅度在 –0.6%（炊具）和 342%（长筒袜）之间。针对国外商品实施的完全相反的价格政策，加剧了相对价格结构的变化。在改革前，联合进出口公司以世界市场价格购入进口商品，但以控制价格在德国出售。[①] 而在改革之后，进口商品（除个别例外）的德国马克定价是基于其世界市场价格，以及 1 德国马克兑换 30 美分的汇率。这导致了这些商品的价格大幅上涨。

在确立能够合理体现商品稀缺性的新价格结构的过程中，并没有考虑农业部门主要部分（以及某些仍然使用控制价格的基础工业产品）的情况。由于农产品价格远低于

① 与此同时，德国出口商以控制价格购入商品，然后以世界市场价格出口。这些交易的利润用于弥补进口带来的损失。

工业产品，农民的处境非常困难。在币制改革前，农民是价格政策的主要受益者，而在新“制度”下，他们却成了主要的受害者。当然，农民也找到了补救办法，即通过黑市出售其大部分农产品。德国的农业问题在当时尚难以找到满意的解决办法。一方面，不可能在解除对工业产品价格控制的同时继续对农产品价格实行控制，同时还要避免农产品进入黑市。另一方面，解除对食品价格的控制，食品价格就会随之上涨（如黑市价格），导致相对贫困人口无力购买足够的食品。鉴于州政府的财务状况，提供农业补贴并不可行。在此情况下，最好的办法似乎是使黑市合法化，即正式承认两个市场——受控市场和自由市场。在受控市场中，一定数量的农产品以低价出售，使每个家庭的生活得到最低限度的保障。农民有义务提供相应数量的低价农产品。[①] 而超过这个数量的其他农产品，农民则有权在自由市场上出售给那些能够并愿意支付更高价格的人。实际上，这项政策不过是将市场上已经存在的情况合法化。一旦农产品通过进口达到了供应充足的状态，便可以停止实行两

① 存在无法从农民那里收集到必要数量的农产品的风险。工业产品价格上涨越多，这个情况就越严重。该年年底工业产品价格下跌无疑将有助于解决农民不配合的问题。

个市场共存的政策。

德国的相对价格结构的彻底改变势在必行。但是，如前所述，物价的总体上涨仍然出乎大多数观察家的预料。货币量不断增加、流通速度加快，以及商人于 1948 年下半年开始重新囤积货物，导致了物价的普遍上涨。第一个因素在上文中已经讨论过。流通速度无法用数据衡量，但所有观察家都认为下半年的流通速度非常快。原因有两个：第一，家庭和企业存在被压抑的需求。近几年来，许多家庭都无法购买到基本的生活必需品。丢了一根针、打破了一个杯子或者长筒袜破了一个洞，都可能是个重大损失。因此，不难想象，一旦商品出现在市场上，人们都会急于买入。第二，德国人在经历两次通货膨胀，以及在因为持有现金而遭受严重损失之后，已经本能地不再相信任何货币。币制改革后的价格上涨，以及冻结账户中 70％的德国马克被核销，更加剧了这种不信任感。于是，德国人强烈地偏好非流动性资产，并尽可能地减少持有现金。正是对货币的这种态度，导致币制改革自一开始就遇到了阻力。还有一个因素也降低了德国人对新货币的信心：德国马克在国外自由市场的汇率价格很低，而大多数人对此都极为关注。1948 年 7 月，100 德国马克在苏黎世的报价为 30 瑞士法郎，而到了 12 月，该报价已下降到了 18 瑞士法郎。但在第二年年初，这个价格又回升至 30 瑞士法郎（根据 1 德国马克兑换 30 美分的汇率，交叉汇率应为 100 德国马克兑换 123 瑞士法郎）。尽管苏黎世的外汇市场规模很小，这个汇率价格也是基于走私德国马克的供需状况而形成，这只是一个人为制定的价格，但仅仅是了解到新货币在国外市场上的汇率价格如此之低，就足以影响德国人民对新货币的态度。

导致物价上涨的第三个因素是部分企业囤积货物的趋势。企业再次开始囤积市场上的货物。首先，是因为它们预期价格会进一步上涨。其次，是因为即将进行的战后赔偿（Lastenausgleich）。尽管尚不清楚何时会对资产进行估值，但企业都急于尽可能地将其资产隐藏起来。预计在资产估值之前，企业会将货物兑换成货币，因为后者更容易隐藏。不过，既然现有货币将被新的货币取代，所以持有的货币最终还是难以隐藏。总体来说，在当时的情况下，持有货物似乎比持有货币更明智。

值得注意的是，州政府的财政赤字并不是导致通货膨胀的原因，至少在不考虑它们对初始赠予金使用情况下。赠予金在 9 月用完之后，州政府财政预算整体上处于大致平衡状态。然而，州与州的情况差异很大。联邦德国没有负责管理公共税收的机构——将税收收入根据合理的标准重新分配给各州。因而，甚至进口商品的关税收入也是流向货物进口时首先进入的那个州。于是，一些州会有财政盈余，特别是汉堡和莱茵–威斯特法伦州（其中包括鲁尔区）。而其他州则有财政赤字，不得不向中央银行系统借款，如解决东部难民问题费用支出最高的石勒苏益格–荷尔斯泰因州，以及占领费用负担重的位于法国占领区的州。[①]

鉴于德国人对新货币缺乏信心、囤货趋势重新出现，德国经济迫切需要刺激。物价上涨趋势也必须遏制，若能扭转价格走势使物价下降则更好。货币当局通过收紧货币控制（如上所述）确实成功地扭转了价格走势，但导致这一结果的还有其他一些因素。在法兰克福通过的战争损失临时赔偿方案解决了一个重要问题：财产评估以币制改革当日所持有的资产为基础（企业必须于当日提交完整的资产清单），因而消除了导致囤积商品的不确定性。虽然该草案被德国现存的复杂立法机制搁置，在笔者撰写本文时也尚未成为法律,但有关人士预期的资产评估日期并未改变。此外，1948 年底征收的重税也使企业无法大量囤积商品。基于以

① 很明显，正如在银行领域一样，公共财政也存在地方分权过度的情况。

上原因，物价在 1948 年 12 月下旬开始下降，并在 1949 年 1 月保持下降趋势。

当然，物价相对于收入而言过高，是德国战后出现的贫困现象的必然反映。任何货币政策或行政措施都无法改变这一事实，只能间接影响德国经济的总产出。因为德国人不愿持有现金，以及伴随着 1948 年下半年通货膨胀而来的不平等现象（企业获得的高利润，特别是批发商和零售商，是以降低工资和薪金收入者实际收入为代价），导致了货币过剩——这个币制改革的副产品实际上可以避免。但是，通货膨胀和对新货币缺乏信心的现象似乎在新的一年开始之际结束了。

德国经济的弱点

币制改革以及自由市场经济的部分回归虽然饱受批评，却取得了巨大成功。由于没有足以说明德国经济自改革以来发生变化的统计数据，我们只能通过直接观察改革前后发生的变化切实了解德国经济的复兴程度。例如观察家庭生活水平、企业经营方式、交通和城镇改造。然而，德国经济仍然存在两个主要弱点：资本形成和对外贸易。

在战争期间和战后，资本大量流失，使新资本的形成毫无疑问成为德国经济的最大需求。新资本的国内来源包括个人储蓄、企业利润、州政府可能出现的预算盈余（在不久的将来可能会被证明为不切实际）以及银行信贷扩张导致的“强制储蓄”。

目前，德国民众储蓄货币的意愿和能力都很弱。对个人进行的问卷调查结果显示[①]：1948年6月（币制改革之前），被调查者中的59%表示未来会储蓄；7月，该比例为49%；而到了10月（部分冻结账户被注销后），只有32%的被调查者表示愿意储蓄。事实上，1948年下半年，从储蓄账户中支取的货币金额超过了存入的金额。有些企业试图通过发行利率在5%~6.5%之间浮动的长期债券直接吸收储蓄，债券发行价格通常为98德国马克。然而，很少有人购买。在1949年1月，储蓄账户中的存入金额首次超过了支取金额，其原因可能是物价趋势的逆转。这一事实证明德国马克的信任危机已经过去，但并不意味着在不久的将来会出现大量储蓄。

在讨论资本形成的第二个来源“利润”时，我们必须

① 调查结果参见《德国银行业学报》(*Zeitschrift für das gesamte Kreditwesen*)，1949年1月1日，第28页。

考虑与当前税收负担相关的问题。以一个拥有100万德国马克资产、年利润为10万德国马克的非法人企业为例，并假设企业不逃税。根据币制改革后的新税率，该企业所有者（假设他单身）该年必须支付76 746德国马克所得税、25 000德国马克财产税（不得用于抵销收入申报）以及教会税3 000德国马克[①]，即该企业纳税总额为104 746德国马克，已经超过了其获得的利润。尽管企业最高可以将10 000德国马克再投资于本企业而不被征税，但同样明显的是，除非该企业主有其他收入来源，否则根本无法进行再投资。他不得不消耗资本。如果他的利润为20万德国马克，则必须缴纳总计199 246德国马克的税款。实际情况甚至比上述数据显示得更为严重，因为折旧费必须根据设备的原始或历史成本来计算。鉴于物价已经上涨，设备折旧费不足以支付置换费。在此税收水平上，非法人企业根本无法通过利润获得资本，因而出现大规模逃税现象便不足为奇。法人企业的情况略好，其税率为50%（当然，除所得税外还要支付股息）。由于法人企业无须支付教会税，一个年利润为10万德国马克、资产为100万德国马克的企业的纳税总

① 该税率在每个州的情况不同，此处引用的是巴登—符腾堡州的税率。

额（包括财产税）为 75 000 德国马克，税后所得为 25 000 德国马克。①

减轻税收负担（实际上财产税自 1949 年 1 月 1 日已经开始降低）并不会减少税收总额，甚至可能令其增加。同时，尽管税收负担减轻，但为了让税前利润不再升高，企业无疑会增加投资。这是因为“黑色”利润几乎不会被用于实物资产投资，因为实物资产很难向税务机构隐瞒。通过减少甚至完全杜绝逃税现象，降低税收负担会将用于消费的资金释放出来，转而流向投资，因为这部分资金是非法囤积的。

新资本形成的第三个来源——银行信贷扩张导致的强制储蓄，无疑在 1948 年下半年发挥了重要作用。银行贷款成为投资性商品的融资手段，于是在此期间投资性商品的生产比消费品的生产增长更快。但是，由于货币当局在 1948 年底对银行贷款进行了限制，这一来源不久就可能被阻断。冻结账户中 10% 资金的释放，可能会成为另一个新资本形成的来源。之所以释放，是希望这部分资金将来能用于投资。

德国经济要进一步发展，不仅需要新的资本，还需要让这些资本从正常的渠道流入。首要的是扩大出口。扩大

① 这些税收规定的副作用是，大量的非法人企业申请成为法人企业。

出口甚至应该优先于房屋重建。但事实上，出于下文将提及的原因，扩大出口至今尚未排到首位。币制改革以来，大部分投资流向了房屋（特别是零售商店）重建和国内工业的扩张。

联合进出口公司的统计数据显示，英美两国占领区1948年的进口总额为13.86亿美元，出口总额为5.99亿美元。1948年下半年（币制改革后），进口额为7.5亿美元，出口额为3.69亿美元。[①] 1948年进口总额的一半以上（7.87亿美元）以信贷的形式流入。[②] 如果英美两国占领区量入为出，同时保持目前的生活水平，出口必须大致增加2.5倍，也就是说总产量也必须增加2.5倍。德国想要在马歇尔计

---

① 参见 *Monthly Statistical Bulletin of the Control Commission for Germany* (British Element), Vol. III, No. I2, p. 100。德国统计局提供的数据有所不同。1948年下半年，进口额为19.94亿德国马克，出口额为13.32亿德国马克（*Monatliche Aussenhandelsstatistik des Vereinigten Wirtschaftsgebiets: Zusammenfassende Ubersichten*, December, 1948）。根据这些数据，进出口比例远远小于联合进出口公司的数据。两组数据之间的差异可以部分地由以下两组统计数据之间的差异解释：第一，联合进出口公司统计数据中包括一些德国统计局数据中未包括的“隐形”项目；第二，联合进出口公司统计数据是基于联合进出口公司该月的会计记录，由于“货物流动与票据”之间存在时间滞后的情况，所以数据不能反映该月货物的实际流动，而德国统计局的数据是基于货物实际跨越边界的进口和出口记录。

② 进口分为三类：A类是非商业性进口，B类是商业进口，C类是在马歇尔计划内的进口。如果只考虑商业进口并将其与出口进行比较，就会发现英美两国占领区在1948年下半年是有出口盈余的。

划终止之前实现经济“独立”，那么这一切都要在 1952 年之前完成。英美两国占领区的长期欧洲复兴计划则更是雄心勃勃。根据该计划，1952—1953 年财政年度的出口额要达到 27 亿美元，也就是说，出口额要达到 1948 年的 4.5 倍。目前很难评论这个“目标”应该如何实现。出口的增加应主要依赖于成品出口的增加。但在 1948 年，总出口的一半以上仍然是煤炭和木材，对一个工业化国家来说，原材料出口比例过高。

增加成品出口主要遇到了以下几个障碍。首先，德国出口商不能充分发掘国外市场。事实上，1948 年 12 月 1 日之前的大部分官方文件（抑制出口）已被新的规定所取代，德国出口商现在可以直接与外国进口商谈判（过去不存在这种可能，因为出口贸易掌控在联合进出口公司手中，出口商只能与其打交道）。但是，出口商想要出国仍很困难，也不可能在国外设立代理机构。因此，出口商无法得知什么商品在国外市场受欢迎。如果出口商能够派设计师、技术人员和商务代表去调查国外市场的流行趋势、技术发展、价格，以及对本企业产品的潜在需求，并写出分析报告，那么这个问题就不难解决。

其次，由于德国的贸易是在双边付款协议框架内进行的，在很多情况下需要定期清算余额。例如，1948 年 11 月与法国的支付协定要求：在法国银行开设的结算账户中的所有信用或借项余额，将“分别于 3 月 31 日、6 月 30 日、9 月 30 日和 12 月 31 日到期，并按照债权人的要求立即以美元结算”（第五条）。在每个季度结束时，由于担心出现贸易赤字，两个贸易伙伴之间往往出现竞争，双方都想通过减少从对方进口的货物数量来实现季度盈余，并且只允许必需品进口。但是，德国为换取或多或少必需的进口商品而出口的成品，大部分都不被其贸易伙伴视为必需品。因此，双边付款协议以美元为单位、每季度进行清算的规定，是德国扩大出口的严重障碍（该协议甚至不允许出现任何差异，例如在更长时间内会互相平衡的季节性波动）。

最后，汇率问题。虽然无法用统计数据证明德国马克被高估，但大多数观察家（包括笔者）都认为，1 德国马克兑换 30 美分的汇率大大高估了德国马克的价值，这个汇率是德国出口的最大障碍。如果 1948 年 12 月底出现的物价下降趋势继续下去，币值高估的问题就可能不复存在，而且调整利率必须等到德国的价格水平保持一定程度的稳定时。如果物价下降不足以抵消德国马克被高估造成的影响，那么下调利率就是德国推动出口企业发展并使其吸收更多投资所能采取的最重要措施。问题是，这样的调整能否得到德国在世界市场上的竞争对手的认可？其他涉及更多政治因素的外贸问题也是如此，但在这里我们不进行讨论。

确定德国马克适当的外部价值，既需要德国马克的内部价值维持在一个相对稳定的水平，又需要进行税收改革——币制改革之后推动德国经济发展最重要的一步。

第七章
社会市场经济的意义[1]

作者：阿尔弗雷德·米勒－阿尔玛克

① Müller-Armack, Alfred. 1956. "Soziale Marktwirtschaft." in *Handwörterbuch der Sozialwissenschaften* Vol. 9. Stuttgart et al.: Fischer et al., pp. 390–392.

1948年币制改革后，德意志联邦共和国便在“社会市场经济”的旗帜下实施经济政策。此后，“社会市场经济”这一概念便成为时任联邦经济部长路德维希·艾哈德主持推行的经济政策的总称。1949年基督教民主联盟（CDU）在杜塞尔多夫提出的指导原则使这一概念受到了公众的关注。自此，“社会市场经济”便成为第一届和第二届联邦议会联盟党政治经济计划的基础。

社会市场经济的基本理念就是把市场自由与社会平衡结合起来。在经历政府多年的严格管制之后，德国民众已成功地在短时间内接受了社会市场经济概念。这一成功要归功人们在二战结束后的痛苦经历——政府管制失灵、货币混乱。只有对政府管制具有的功能性缺陷进行批判性分析，才能使我们得以证明（几十年来首次）：一个自由的制度不但可以解决社会问题，而且还能够获得公众的广泛认可。

概念的意义

“社会市场经济”最初被认为是一个矛盾的概念。此外，在公共生活中模糊地使用该概念有时候也会掩盖其知识基础。社会市场经济概念是基于最近几十年通过研究获得的深刻见解，这表明，成功的经济政策需要一个协调原则。瓦尔特·欧肯、弗朗茨·伯姆、弗里德里希·哈耶克、威廉·洛普克和亚历山大·吕斯托夫在发展其有关经济制度的理论时，都受到了他们对各种经济制度的体验的影响。他们以及其他经济学家都意识到，如果竞争是大众社会主要的组织手段，那么就需要一个清晰的结构性框架来加以保护。社会市场经济概念是基于对战时经济体验进一步评估的结果之上。社会市场经济的倡导者和新自由主义者都认为，虽然旧自由主义者承认竞争功能的重要性，但没有给予社会以及社会学问题足够的重视。与旧自由主义者相反，新自由主义者并不打算恢复自由放任的经济制度，他们的目标是建立一种新的综合性经济制度。

社会市场经济概念与干预经济政策有很大的不同。后者综合了中央调控的因素和市场经济的因素，致使两种因素相互制约，阻碍了经济的发展。社会市场经济是一种有意识设计出来的、全球性的自由市场经济制度。竞争是经济协调的首要原则。它基于这样的认识：从历史上来看，竞争性经济可能有极为不同的形式，在自由竞争的体制下，现代社会的社会责任能够比过去更好地履行。就此而言，这个新的目标不同于社会主义。社会主义力图通过中央集权实现社会改革，而社会市场经济的倡导者认为，有理由怀疑，中央集权制度一旦建立能否抵抗住诱惑而不去干预人们的消费和工作选择自由。因此，社会市场经济概念可被定义为一项调控性政策，其目标是在竞争性经济的基础上，将自由意志和社会进步结合起来。

社会市场经济—— 一种政治经济制度

在全面实行自由市场制度的基础上，能够建立一个复杂而完整的社会保障体系。只有在自由市场制度中，消费者才能通过市场机制来表达他们的需求，并通过这样的方式来控制生产。消费者来自社会的各个阶层，因而需求会有所不同。价格体系是协调和确定商品生产不可或缺的手段，用以协调消费者各种各样的个人消费计划并使之实现。另一方面，在中央集权制度下，商品生产往往与消费者的需求不符。这种消费倾向代表了市场经济所应提供的社会服务。竞争制度还可以提高生产力，并且是创新和改进的动力。竞争制度的效果越大、越普遍，竞争过程就越能更好地检验其带来的超额利润和促进增长的经济实力。

除了或多或少固有的社会功能之外，竞争制度还能满足其他社会需求。例如，新自由主义者要求采取保障竞争的制度措施。这些保障措施旨在解除对贸易的限制，控制垄断、寡头垄断和卡特尔，从而通过竞争使消费者的利益最大化。鉴于竞争被给予了最大限度的活动空间，竞争制度也同时执行其他社会职能。然而，社会市场经济概念并不仅局限于使竞争手段根据社会利益发挥作用。在自由市场制度下的收入所得为国家对收入进行再分配提供了坚实的基础。国家通过社会福利、养老金和补偿金平等化、住房津贴和补贴等方式来实现收入再分配。在评估社会层面的市场化进程时，忽视再分配的过程，就无法了解社会市场经济中有关社会的内容。

然而，对市场经济的合理干预也必须加以规范，使其与自由市场的生产运行和相应收入的获取相协调。当然，将收入转移至社会支出，很容易越过市场干预最初设立的门槛。但事先不可能确定税率高到什么程度会导致这种情况。然而不争的事实是，不断扩大的市场够承受收入转移造成的沉重负担。因此，毫无疑问，社会对收入的保障与市场经济具有基本的兼容性。

自由经济与管制经济在社会政策上的区别更多地体现在它们的目标，而不是采用的手段上。从某种意义上说，社会市场经济与管制经济的经济政策采取了不同的路径。在管制经济中，固定价格可能导致供应链断裂，对大部分人口造成不利影响。而在社会市场经济中，可以通过“与市场相适应”的措施实现社会进步。这里所谓的措施是指在不干预市场运行的情况下维护社会福利的措施。“与市场相适应”这个概念在不明确的情况下可能是模糊的，但在实际经济政策中应足以描述与市场功能相关的行为。为了向某些借款人提供廉价资本而采取固定利率是“违背市场原则的”。不考虑租户的支付能力而固定租金，从而影响整个房地产市场，也是“违背市场原则的”。而为穷人提供租房津贴则是“与市场相适应的”。过去实行的经济政策往往与市场情况背道而驰。要求政策措施与市场相适应，实际上为在不与市场力量发生冲突的情况下推行经济政策留下了更大的空间。

竞争应被视为实现技术和经济进步首要的，而且是障碍最少的方式，其原因在于竞争能够使生产力不断提高。

在社会市场经济中，刺激经济增长的政策至关重要。认为高就业与自由市场经济相悖的观点是错误的，即使应否定无限信贷的主张——因为它会对竞争造成负面影响。许多倡导充分就业政策的人士质疑，贸易周期政策能否成功地与社会市场经济相结合，从而既能确保高水平的就业，又能使市场具有灵活性。然而，在预算稳定和货币制度健全的情况下，政治经济活力肯定能够得到维护，如有必要，还可以采取反周期措施。

在过去五年中，社会市场经济理论对德国经济政策产生了决定性的影响。在此期间，大部分消费者的生活条件极大改善。在以往受到严格控制的部门，这一经济政策取得了最为显著的效果。例如，币制改革以来，对外贸易总额翻了两番。在这一领域取得的成功使得消费者立即受益。尽管在由卖方主导市场的短暂时期内，消费者的投资是被迫的，但当买方市场到来时，消费者的地位明显得以提高。自由市场这一实验在供不应求之际展开，而在当时中央调控和定量配给普遍被视为恰当的政策手段，这一事实也使得自由市场的成功更为重要。

然而，除了已经取得的成就之外，社会市场经济这一概念更是德国经济政策的“未来计划”。然而，将这一概念完全融入仍然受控制的那些市场部门还是一个问题，因为还要考虑可能产生的社会后果。在有效实现包括诸如家庭安全和新型财产所有制等在内的新的社会目标的同时，还可以通过经济增长来维护自由市场的功能，并提高各阶层的生活水平。在欧洲一体化的进程中，还要寻求将社会平衡与市场力量自由行动的范围结合在一起。

针对这一想法向来不缺少批评的声音。通过科学推理得出的结论有被误解的风险。将“社会”和“市场”这两个概念结合在一起被认为是一种错误，因为二者被认为是相互矛盾的。人们过于习惯将社会保障等同于社会责任，并且相信，社会市场经济要么是效仿自由放任经济，要么就是试图开倒车。即使在今天，很多人也不能做出明确的判断。然而，基本的假设是，广大民众会对市场经济产生信心，相信市场经济能够照顾到社会需求，而这一假设已经得到了证实。任何社会制度都需要一个简明的表达方式，使其目标清晰可见。在大众民主的发展过程中，社会市场经济是第一个源于自由世界并与其产生共鸣的概念。它的成功对未来是否会起决定性的作用，将取决于经济政策的逻辑一致性和科学技术在未来的持续发展。如今，对竞争原则已经出现了正面的评价。这一原则受到了越来越广泛的关注。

第八章
工业社会的竞争政策 ①

作者：恩斯特–约阿希姆·梅斯特马克

① Mestmäcker, Ernst-Joachim. 1973. "Wettbewerbspolitik in der Industriegesellschaft." *Journal of Institutional and Theoretical Economics* 129 (1): 89–101.

1. 与自由经济政策概念相关的期待，反映了政府在与社会的关系中所起的作用。传统的保守观念认为，经济力量是要求政府更为强势的另一个原因。如果主权崇拜者认为民主国家已退化为“纯粹的宪政国家”而不应拥有更大的权力，就会动用无法抗拒的权力去投资现代企业和现代技术（“技术实现”）。社会主义传统观念则认为，只有通过废除市场经济，被视为一种经济、社会和政治力量的作为生产资料的私有财产才能被控制。归根结底，这两个思想流派都视自由主义政策为一种自由放任的政策，所有试图找出其他解释的尝试，往好了说是出于纯粹的乐观，而不客气地说，是出于政治意识形态的考虑。自由主义的基本观点——经济和社会制度源自个人行为，已经成了历史。公民社会的自由主义理论作为经济理论的一部分源自亚当·斯密的著作。“看不见的手”一次又一次地被误解为一个教条式信念，而这个仅适用于曾经存在过的和谐社会的信念能够对当前形势起到稳定作用。马克思所谓的没有劳动分工的社会可能并不现实，但我们不能因此就不认真地考虑马克思对资本主义制度的批判。同理，我们也不能因为一个形而上学的概念，就无视由一个以劳动分工为标志的社会提出的首个政治理论的政治和社会意义。因为这个理论不但是马克思主义分析方法的基石之一，也是当代竞争政策的基础。

我们今天面临的任务就是要制定一个规则，从根本上解决自由公民在追求个人利益时遇到的冲突，而解决冲突必须以法治为基础。这是私法发挥作用的传统领域，也是政治宪法必须解决的问题，而不是将冲突留给充满对立的社会。不承认个人自由与政治控制之间紧张的对立关系，就不可能建构一个自由的社会。即使个人或者企业被赋予完全的自由，这种自由也会由于国家或者社会被赋予绝对权力而被完全、不可逆转地破坏。持这种观点看待现代竞争政策（当然不仅仅是一个历史问题）的人必须直面以下批评：对市场经济或“晚期资本主义”的修正性调整既不可行，也不可取。马克思认为，不断地发生经济危机和最终自我毁灭是资本主义制度实现生产力全面发展的代价。另外，那些急于通过对制度施压来测试其生存能力的现代评论家认为，资本主义制度具有一定的稳定性，且迄今为止，这种稳定性已远远超出了旧自由主义者最乐观的估计。但是，理性论证的先决条件不是对政治的信心，而是看到政策措施对制度的功能可能产生的影响。

本文旨在讨论竞争政策如何保护自由市场经济免受其内在生成的偏差的影响，实现并维持个人行动自由与公共利益相协调的基本条件。

2. 议会民主制最艰巨的任务之一是要引导各种社会力量——不仅是商业企业，并确保任何团体不得将其特殊利益凌驾于全体社会的利益之上。实现这一目标的手段之一是制定反对限制竞争的规则。有建议指出，应采用权力制衡的原则来实现经济体系中的权力分享。根据这个理论，卡特尔应被引入而不是被禁止。此后，该建议又得到了劳动力市场双边垄断原则的支持。然而，这个主张既忽视了单一个体企业在市场经济中的作用，也未认识到社会分权是国家分权制的先决条件之一。劳动分工作为商业企业分享经济规划权的组织原则，是分权的主要推动力。私营企业享有法定规划自由的前提是拥有一定程度的自我约束力。事实上，如果所有企业都试图争取权力最大化，那么这个自由就失去了合法性。只有当各部门的利益与其社会职能相符并且合法化时，国家和社会的分权才能实现。这个原则也适用于企业员工的个人利益。当前社会平衡状态的基本特征是公民利益不仅包括雇主或雇员的利益。

在依据社会功能分配利益的情况下，我们必须重视反对限制竞争的规则。决定政策本质的因素之一是确定在何种程度上市场力量是不可避免或者是有益的。所有现代卡特尔法都是基于一个认识：卡特尔的出现不是为了对抗现有的市场力量，如果市场上对立的双方都组建了卡特尔，并不会使双方的力量相互抵消。显然，任何卡特尔或占据市场主导地位的企业都不能确保其市场地位。事实上，任何市场地位都会面临一定程度的竞争威胁。这种竞争要么来自替代产品的开发，要么来自外来竞争对手对本地受保护市场的渗透，或者经常被提及的企业之间对消费者购买力的竞争。因此，在市场持续存在竞争，即使出现了卡特尔的情况下，如果一项政策无法为面对竞争的企业提供足够的保护，那么就需要建立一个机制以使采取进一步的限制性措施合法化。与更高阶段的市场力量相比，对竞争的任何其他限制都显得微不足道。政府起草的《反对限制竞争法》第二修正案就证明了这一点，那些未对竞争造成过度损害的卡特尔被允许存在。另外，该修正案会导致通过“集体竞争”，以及抗衡力量以牺牲第三方利益为代价建立联盟。因此，全面禁止卡特尔和有效的合并控制是行之有效的竞争政策的基础。

考虑到现代工业社会的结构，这种政策的可行性被否定了。政府计划、竞争的国际性，以及由个人和公众在资源稀缺（环境保护）问题上的分歧导致的冲突，都被用来批判过时的竞争理念。在此需要提及的是，以“谁污染谁受罚”原则为基础的环境保护政策与市场经济制度相契合。立法者的任务是为企业家制订计划提供适用的依据，但是竞争政策的核心问题是处理其与总体经济规划，以及市场和企业的国际性特征的关系。

3. 加尔布雷斯（Galbraith）用计划体系和“技术结构”证明了竞争政策在工业社会中是多余的。人们最终会清楚地认识到加尔布雷斯的理论并没有意义，不过是一个无伤害的假设。加尔布雷斯认为，政府经济政策与大型垄断企业的动机和目标是一致的。同时，这些企业有能力自主实现其目标：通过寡头垄断市场的战略稳定价格，通过广告创造必要的需求，通过技术进步实现经济增长，而最后这一点已独立于所有其他目标。对工业国家的这种认知，导致对东方和西方制度前景的预期趋于接近。在政治方面，加尔布雷斯呼吁西方知识分子抨击工业集团和政府结成的联盟，以保证必要环境保护措施的实施。他认为在计划体系中，政府利益和商业利益在其他所有方面都是结合在一起的。他再次重申了以心理为导向的经济学的错误并加以批驳，指出使利润最大化的动机已无法充分解释“技术结构”的行为。这一点可以通过一个能说明竞争政策重要性的例子来证实。在寡头垄断竞争的条件下，企业在制定价格方面享有相当大的自主权。20 世纪 30 年代以来，经济学家们一直在担心“垄断价格”的影响。但由于他们的假设前提不同，最后甚至提出了完全相反的政策建议。有人认为应允许卡特尔存在以防止破坏性的竞争；有人建议全面禁止卡特尔，让企业联合起来消除价格竞争；还有人建议政府对价格和投资进行控制。但加尔布雷斯却认为，企业的价格政策会与政府的总体经济规划目标趋于一致。正如寡头垄断市场的理论和实践所表明的那样，价格制定自主权可以被用来推行反经济周期政策，而且企业也确实这么做了。美国学者确信，在经济周期性下滑期间的价格弹性下降问题，在高度集中的工业领域相对不严重。在第二次世界大战之后的经济衰退时期，高度集中的工业领域甚至出现了就业率和产能利用率均下降但价格却上涨的情况。换句话说，企业的自主权和价格制定权越大，对竞争的限制越大、集中程度越高、政府的经济政策就越难以实施。因此，保护竞争的政策也提高了经济政策手段的有效性。

具有讽刺意味的是，由于市场被寡头垄断，几乎所有经济问题都可以通过用货币政策控制需求的方式来解决，这一理论现在却遇到了瓶颈。企业控制价格有可能导致政府政策无效，因而也就存在通过转向国际市场来免于执行整体经济计划措施的可能性。此外，跨国公司现在可以根据自己的目标在不同的经济政策中做出选择。那些批评联邦德国“协调一致行动”是自由放任政策的人没有认识到，出现这种情况不能归咎于国家不愿意对价格、投资和工资进行控制，事实上这不过是跨国企业对国家政策的合理反应。既然存在各种不同的、相互对立的经济和货币政策，这些公司便可以在世界范围内通过政策选择来获利。

4. 跨国公司已经成为商业组织、市场和竞争国际化的象征。对竞争政策持批评意见的人往往得出结论，在国际竞争激烈的世界里，于国家范围内实施竞争政策，特别是企业合并政策，现在似乎已经没有意义。在联邦德国有不少人认为，应侧重欧洲共同市场内的市场一体化，并将欧洲经济共同体的竞争政策置于首位。毫无疑问，欧洲一体化和欧洲经济共同体竞争政策的发展程度，最终将取决于法律和政治机构的国际化程度能否与经济关系的国际化程度相匹配。但这并不意味着竞争只能在欧洲经济共同体内进行。有人之所以得出国家竞争政策已失去效用的结论，是因为对欧洲经济共同体的政治特点，以及对成员国的合作范围做出了错误的判断。正如美国联邦政府的情况一样，联邦反托拉斯法不会取代国家反垄断法，同样后者也不会取代在实践中发挥了重要作用的前者。至于欧洲经济共同体的竞争政策，长远来看并不会比各成员国实施的政策更好、更有效。但是，最基本的考虑仍然是：目前欧洲经济共同体内的工业集中化趋势证明，需要在国家层面有效实施企业合并控制政策。尽管缺乏可靠的数据，但仍然可以得出以下结论：

- 商业企业的集中化主要发生在各成员国国内的公司之间，从而导致了小型寡头垄断集团的出现；
- 各成员国公共部门的发展仅限于国家层面；
- 欧洲共同市场内的跨国集团往往涉及第三国企业（特别是美国），而非成员国企业。

从美国企业的快速渗透可以看出，共同市场内成员国企业的集中化无法在不完善的经济一体化框架内自动形成。

很多证据表明，根据区域划分市场的政策，以及不干涉其他国家工业活动的原则，是继续促进欧洲商业政策发展的主要因素。如果目前的情况不是假象，那么有效的国家竞争政策的缺失，更可能导致使国内市场分散化的制度出现。国际竞争成为限制国内市场竞争的理由，而卡特尔又限制了国际竞争。这种发展不符合《罗马条约》的宗旨，而只是出于国家经济政策的需要。《罗马条约》的目标之一是防止国家集团和垄断出现，促进在更大范围的市场中实现劳动分工，并维护合理的竞争制度。然而，这并不意味着各国政府为保护公共利益而应承担的责任不包括维护国内市场的竞争条件。在未来很长一段时间内，政治进程将首先使成员国政府的权力合法化，而不是在欧洲层面。考虑到这一点，各成员国也必须具备启动这一进程的社会和经济先决条件。

由于目前一体化进程停滞以及欧洲经济共同体面临的危机，欧洲竞争政策所能提供的机遇可能已经丧失。出于政治考虑，欧洲经济共同体委员会正在试图获得商业企业的支持，以克服欧洲经济共同体政治行动能力薄弱的问题。加尔布雷斯所谓的工业化社会的必然命运，现在已成为委员会制定的欧共体工业政策计划的政治目标。委员会认为，欧共体的职能之一就是促进欧洲跨国企业的发展，即“欧洲跨国事业”，实现扩大重点工业的目标。委员会推行这一政策主要是出于政治考虑。正如1970年3月18日部长理事会备忘录中指出的那样，“欧洲跨国公司”这一概念不仅应包括在多个国家从事商业活动的企业，也应包括那些资本和管理人员来自多个国家、决策中心位于欧洲的企业。政策目标必须包括允许，甚至促进此类企业的存在和发展。这些企业的资本和人员不限于6个成员国，但必须具有在欧洲和世界市场上与其他国家的大型企业竞争的能力。

旨在分散和控制商业企业经济实力的竞争政策与出于外交和经济考虑而支持民营企业和集团企业的产业政策，必然会发生冲突。令人惊讶的是，委员会的提议并未引起任何政治反应，而其先前提出的中期经济政策却引起了激烈的争论。工业政策（毫无根据地被认为出自中期经济政策）是唯一试图通过帮助企业实现政治目标来突破世界性经济政策局限的尝试。在对这种规模的企业实现有效政治控制之前，就没有到谈论实现政治和制度条件的时候。毫无疑问，欧洲经济共同体尚不具备这样的政治能力。欧洲经济共同体能否拥有这样的组织能力将在很大程度上取决于预期的社会目标。如果竞争的真正目标是强化经济制度的作用，而不是限制大型企业的活动，以及通过中和各种经济力量来确保政治决策的基本独立，那么委员会提出的产业政策就不是欧洲的目标。

我们不应通过工业集中来推行美国式的平衡政策，而应为有效的国际竞争政策创造条件。因为欧洲、美国和其他国家的法律会产生外部影响，所以一定形式的协调机制不可或缺。扩大后的欧洲经济共同体为该机制的建立进一步创造了条件。

5. 针对这一背景的德国竞争政策研究表明，经过近 15 年的实践之后，有关这一政策的政治辩论又回到了起点：遵循禁止卡特尔原则，还是滥用管控原则。如今，卡特尔被打上了合作的标签。取消卡特尔禁令的进展已成为最重要的政治发展。《反对限制竞争法》第一条的正式内容现在已被废除。如果判例法在实践中使卡特尔禁令得以实施，那么立法机构应予以纠正；如果判例法使禁令失效，则应将其作为必要条款保留下来。卡特尔禁令的例外条款应被视为既定权力加以扩大，而不是被限制。然而，关于银行、保险、运输、能源和农业享有特权所导致的重要问题，现在却很少讨论。相比之下，法律制定者在使卡特尔合法化的过程中做出的让步，被视为前后矛盾的权宜之计，因为它没有解决“歧视”工业的遗留问题。

正如联邦经济部在《合作手册》中对卡特尔禁令形式所做的正式解释，卡特尔禁令只考察合同的书面内容，而不涉及它对竞争的实际影响。这个解释最重要的意义在于，明确了组建卡特尔与合并之间的法律界限。只要合资企业的直接目标是发挥其特定职能，《反对限制竞争法》第一条就不适用。另外，从该法律角度来看，对合资企业内部竞争的约束无关紧要。合同义务中隐含的约束由于并非直接涉及合同的实际影响，也不应纳入考察。但这些影响可被用来证明在该法案框架内，合同没有对竞争造成实质性损害。论证第一条修正案合理性的观点，也同时证明了使所有卡特尔合法化并不重要。由于受到公众的广泛批评，政府制定了新的例外条款，规定在使卡特尔合理化的同时避免限制竞争。

公众的讨论忽视了同样重要的《反对限制竞争法》中第二十八条修正案，即通过合同使竞争规则合法化，“以抵制违反公平竞争规则的行为，保证有效竞争规则的实行，并鼓励符合这些规则的行为”。该修正案旨在推翻联邦最高法院做出的判定，因为该判定没有使竞争规则合法化，以实现保护或维护特定市场结构的目标。官方对第二十八条修正案做出的令人吃惊的解释，有关条款对竞争的限制，很可能导致以法律手段禁止垄断和滥用市场主导地位。但重要的是必须制定管控占据市场主导地位的企业行为的规则，因为这些企业达成的协议几乎无法实现上述目标。此外，该修正案将削弱对占据市场主导地位的企业滥用权力的管控，因此成为放宽禁止卡特尔政策的又一依据。第二十八条修正案旨在授权企业在协议中明确哪些结构性变化、投资、集中和营销渠道与“公平有效的竞争”原则相符合。至此，我们又回到了传统观点：卡特尔保护企业避免破坏性竞争，并促进涉及有关各方共同利益的有序营销。

6. 由于市场结构、市场行为和市场表现相互依存，所以确定竞争政策的目标，尤其是滥用管制权造成的影响，整体而言相当困难。但同样也是出于这个原因，采用任何标准都不会得出相互矛盾的结论。比如，可以通过制约某个市场因素来引导特定的市场行为，或者如同“假设竞争”理论的支持者建议的那样，在给定市场结构中，根据预期表现来评估市场行为。还可以通过禁止某种市场行为——如价格歧视——防止进一步限制竞争以及市场结构变化。归根结底，所有竞争政策都由这些部分构成。为了防止竞争政策披上统制干预的外衣，首先要维护与有效竞争相适应的市场结构，在不违反有效竞争原则的前提下禁止限制竞争的行为。卡特尔管理局根据市场表现管控滥用权力的行为，像以往一样，只是最后的选择——在其他竞争政策手段无效的情况下作为一种效率不高的权宜之计。然而，根据《反对限制竞争法》第二修正案制定的现行竞争政策却指向了相反的方向。现行竞争政策不但支持卡特尔，还将实施管制视为基本手段，而其中有关合并控制的条款，难以改变股份或资产收购导致集中进一步发展的趋势。

7. 让赞同卡特尔滥用权力的德国工业联合会批准禁止滥用权力的希望，已被证明基本落空。《反对限制竞争法》第二十二条授权卡特尔管理局禁止占据市场主导地位的企业或集团滥用权力，但未见成效。根据修正案，市场主导地位是指与竞争对手相比拥有“最重要的市场地位”。除了市场份额外，决定这一地位的最重要因素是企业的财政实力。修正案的严厉批评者没有考虑到，放宽卡特尔禁令，仅对最大企业间实行合并控制，以及具有补充功能的对滥用权力的管控，三者之间有着不可分割的联系。只有当防止市场主导企业或集团的垄断行为的条件满足之时，对滥用权力的管控才可作为卡特尔禁令和合并管制的可行替代方案。认为可以容忍滥用权力行为的人必须回答上述问题，除非他们在任何情况下都能够确定政治影响力和不可操作性会使对滥用权力的管控无效。或许可以用一个恰当的案例说明对市场主导企业行为监督的局限性，这个案例在法学和经济学著作中也有广泛的讨论。假设卡特尔管理局被要求保证——正如经常被要求的那样——占据市场主导地位的企业在竞争存在的条件下进行活动，在此暂不考虑这个假设在理论和实践中是否可行。然后进一步假设，卡特尔管理局确信（通过价格政策和假设的公司成本）在这个价格政策下，占据市场主导地位的企业可能在有效竞争的条件下进行活动。任何此类监管都必然导致对价格、生产和投资政策的直接控制。《欧洲煤钢共同体条约》第三条对该问题进行了明确的规定。这项规定要求共同体机构确保最低价格的制定满足下述条件：不会导致同一企业在其他交易中抬高价格；或者在允许必要的摊派和投资回报的情况下，在另一次交易中提出高于普遍水平的价格。为了避免剥削，限制价格控制是必要的，美国对企业实施监管也采取了这样的措施。将管控滥用权力的原则应用于卡特尔的价格制定，需要选择具有代表性的、成本低的企业。因此，那些“非代表性的”卡特尔成员企业可能会因为对价格实行了行政控制而破产。这种政策在政治和现实中的不可行性说明其本身存在问题。在卡特尔监管框架内，对征用价格管制的限制（根据单个企业的资产和成本确定）意味着，如果卡特尔继续存在，那么应当选择的就是效率最低的企业的成本，而不是高效的、具有代表性的企业的成本。

基于市场表现的滥用权力管控，往往意味着占据市场主导地位的企业必须向卡特尔管理局证明，它们的政策措施并不是随意而为的。在苏伊士运河危机引起石油价格上涨时，卡特尔管理局所采取的行动就是一个很好的例子。以限制竞争来保护私人利益与通过保护竞争维护公共利益之间的冲突，无法依靠管控滥用权力来解决。

8. 区分卡特尔与工业集中的传统方法已经与实际不相符。该区分方法是基于卡特尔合并竞争行为与收购行为协调结果的差异，这些收购行为总是伴随着所有权的变化。鉴于所有的工业集中都要通过投资决策实现，这些行为都与资本市场有关，尤其是决定公司利益的市场。但这种方法证实了从法律上严格区别对待卡特尔和工业集中已经过时。对企业的所有权通常等于对法人的所有权，原则上，法人之于企业的作用与合同之于计划的作用是相同的。私法允许自然人行使的一切职能，对法人也同样适用。因此，无法通过交易的法律性质或法人与其成员的个人权力之间的法律关系，归纳出企业所有权变更的目的或经济效应。需要明确的是，只有控股公司或股权交叉所有公司才能以最低的成本实现企业监管。

一项重要的新发展是合资企业对寡头垄断市场的快速渗透。这一发展表明，市场战略手段发生了根本性的变化。合资企业的实践意义远远超过了其他类型的企业集中。根据笔者的研究，联邦德国最大的100家公司不仅与其他公司签订了约100份控制合同，还加入了包括这些公司在内的250多家合资企业。一个经济体的工业集中程度越高，企业一体化的意义就越大。通过企业一体化可以界定——合资企业的特征，以及合资企业在没有新投资或相关企业重组的情况下的影响范围。合资企业在公司法、税法和卡特尔法方面遇到的困难，说明法律已远远落后于现代企业组织形式。有人认为企业合资并不属于合并，因为创始企业仍然是独立的经济实体。而且它们也不是卡特尔，因为合资企业可以自主活动。之所以提出这个观点，是为了使合资企业尽量避免受合并条款的约束。但事实很清楚，合资企业可以被视为卡特尔：它既可以进行合并，也可以采取合法的合作形式。如果不具体情况具体分析，就不能确定企业的类型。合资企业的情况亦是如此，在资本市场没有采取任何补救措施影响这些决定的情况下，几乎所有类型的企业集中都可以用来确定影响区域和控制区域。

上述限制竞争的几种形式，不在现行的禁止卡特尔规定的范围之内。只有当企业年营业额达到10亿德国马克时，它们才被并购控制提案所涵盖。当某项协议因其法律性质被视为合并时，即使它实际上是卡特尔，修正案对这种管制外的竞争限制也提出了新的管理办法。然而，立法机构不应为律师提供发挥语言技巧的机会，卡特尔与合并之间的分界线应以限制竞争的功能意义为依据，而不是交易的法律性质。

合并控制的另一个副作用也不容忽视。企业常常通过法律允许范围内的合并来实现增长。如果能使竞争条件发生重大变化，所有形式的企业集中或一体化都会产生传播效应。对企业集中产生的这种影响，经常被误解为美国司法裁决的核心，即禁止“使竞争实质性减少”的合并。任何立法机构如果要控制合并和防止现有市场主导地位分散化，都必须依靠合并对市场和集中可能产生的影响。在控制合并方面，法律应考虑到合并可能会导致以下结果：大大减少竞争，有利于占据市场主导地位的企业出现或增强实力，阻碍独立经营的企业的持续存在或发展，使参与企业能够逃避《反对限制竞争法》的约束。

认为仅凭竞争政策就能解决上述问题，不但绝对错误，而且危险。但是，从政府实行的竞争政策可以看出它是否像反复重申的那样，将个人自由、想象力和个人创造力视为社会生产力的源泉。

第九章
竞争与经济制度[1]

作者：莱昂哈德·米克施

---

① Miksch, Leonhard. 1937. "Wettbewerb und Wirtschaftsverfassung". (Excerpt from *Wettbewerb als Aufgabe*, Kohlhammer, Stuttgart).

近几十年，自由经济与计划经济一直是经济学讨论中不变的主题。但这两个概念的含义逐渐模糊，以至于我们时常发现它们被同时使用。对“计划经济”的理解从合法的国家干预、极端的利益集团垄断，一直延伸到中央指令型经济，而“自由经济”则以放任经济体遵循内在机制调节、尽可能独立于国家为标志。例如，国家对经济中的垄断趋势完全不加阻拦。这种情况下，私人垄断可以将其垄断行为依照政治背景定义为自由主义或者社会主义。与之相比，经典经济自由主义（认为竞争性的体系是本质的）认为，国家干预下的自由通常证明了个体保持竞争精神的重要性。而同时，随着我们对竞争的理解不断深化，“自由经济”的含义又历经变迁，自由经济不再等同于竞争经济。自由成了一个华而不实的概念——删去了所有被认为“不合格”的真实含义，且一直被看作两种主义间的关联。这不禁分散了人们在关键问题上的注意力，使错误与误解成为经济的主要因素之一，其带来的影响即使是费尽口舌予以强调也绝不为过。如果我们想要找对通往有效竞争政策的道路,必须回溯19世纪,探寻这些误解的起源并予以纠正。

从亚当·斯密的一些观点能看出，他已经意识到国家在司法系统中的地位了。但事实上，受生活年代环境的局限，他并未过多关注国家在经济政策中所扮演的角色。亚当·斯密反对前一时期的重商主义，但同时又高估了有自我调节能力的经济系统的内在协调性。内在协调性的观点解释了他为何将自由经济与自由竞争画上等号。这里必须补充说明：亚当·斯密与18世纪那一代人一样，受启蒙时代对人性理解的影响。因此，他认为国家源于个人。对于他而言，自由经济源于国家角色的缺失，代表了自然规律。今天，这些观点已经改变。曾经不受古典学者重视或缺乏足够关注的国家竞争政策如今已经走上舞台，而所谓的“自然规律”也成为国家事务。这些观点的转变在于，认为竞争在整个经济社会系统中占有重要地位。同样，这并不是说市场上必须存在大量实体的管理机构。因为无论是通过国家来限定必要的个人行动自由，还是让国家赋予足够的自由，在实践中并没有太大区别。在此之后，经济学家们也证明了自由竞争系统的内在协调性是不完备的。

令人惊讶的是，这些误解从未得到纠正。事实上，协调系统已经成为奄奄一息、苟延残喘的自由主义的口号。人们开始遗忘，自由经济只能由国家顺应自由原则来进行组织。他们剥夺了“经济自由”这个概念的积极面，只留下消极面：对政府行为的抵触。但如果经济自由主义者的错误理解没有被多方观点不断巩固的话，这个致命错误也绝不会发生。同一时期，世界进步文化的领导者们，特别是在德国，开始将目光转向历史以寻求启发。历史主义总结了历史发展的规律。起初，人们坚信一个不受国家干预的经济体拥有坚不可摧的协调性。这种观点逐渐演变成了某种形式的计划经济。但是，作为任何有效经济规律基础的调控机制，其定义必须修改，因为人类意志力和理性都要让位于历史发展的运行规律。于是，历史主义以某种方式与有名无实的经济自由主义携手走向了自由放任主义。人们开始一边倒地认为，国家必须放任经济发展才能搭上顺应历史规律的便车。于是，通用的经济自由概念大反转，成为对抗国家的口号。而国家放弃了所有调控力，只随意满足参与者的愿望，国家演变成了各种匿名经济力量的派对。与此同时，计划经济的支持者们往往发现自己与自由主义者身处同一条船上，他们与自由主义者的区别仅仅在于，他们认为竞争经济的解体还不够快。

在更近的时期里，“计划经济”概念呈现出一些不同的特征。显然，经济中的商品、服务流动可以完全以消费者实际购买力为准。决定购买力的收入差距对社会来说是合理且被普遍认可的。说到底，贸易和工业的基本作用就在于满足消费者需求。除大规模灾难外，只有一种情况能迫使经济偏离这个自然规律，那就是战争。现代战争中，国家征用一切物资，但考虑到心理因素，这不能够同等削减私人收入。因此，战争经济的特点就是要与贸易和工业固有且合乎经济的反应机制做斗争。这种斗争是战争经济的典型特征，但随着战争结束，斗争也应该尽快被终结和消灭。但不能就此认为，计划手段行之有效带来的喜悦之情会鼓励此类干预和调控偷偷走私到未来的经济系统。一个非备战或非交战状态的经济体绝不能容忍经济当局打压经济，阻止消费者购买其想要并有能力购买的商品。

当务之急是超越上述混乱，开辟新的途径。如果自由经济意味着一个完全没有国家地位的经济系统，那这既非我们所求，也不具可行性。所以，这种有错误引导性的表达方式[①]也应尽量少用。我们知道（或者已经重新认识到），组织经济以及为了组织经济建立起统一、无争议的经济结构都必须由国家来完成。但是，“组织经济”并不意味着服从中央指令与控制。因为，正是每个参与经济过程的个体秉持自我责任感做出的自由决定，构成了进步最稳固的根源和激励。但是，要所有过程都服从国家调控也难乎其难，这将给国家层面的监督与投机活动施以重压。经济的一连串复杂过程必须被打造得尽可能自由。组织经济意味着组织一个自由经济，这点与组织经济本身一样重要。但如果有人执意还要用“市场组织”来形容仅有私人参与者调控市场的情况，这无疑也是可悲的。调控是外部程序，而组织是内部程序,调控某一进程意味着从外面进行引导。另外，组织某一进程意味着构建决定性要素，以使该进程向理想方向发展。严格地说,只有自由竞争这个概念是名副其实的。当竞争失灵时，国家必须以某种方式进行调控，当这种规范符合不扰乱经济结构统一性的原则时，我们只认为这是一种秩序或一个系统。无论如何不能忽视，竞争原则其实就是一种基本的调控原则。经济竞争的目标是保证优秀的

① 自由经济。——译者注

业绩能收获伟大的成功，并以此激励他人上进。但竞争并不能完全保证构成经济的各要素和谐共处，还需要某些规则作为补充。所以，我们需要让竞争适应经济事实。就竞争来说，国家有以下三种选择：

· 自由竞争。所有经济过程参与者独立自主地决策，仅受普通竞争法约束。这些有关竞争的普通法即为组织自由竞争的工具。
· 限制竞争。经济过程参与者的决策自由受特殊条款约束，并受国家及其行政机构的监督。特殊条款构成了竞争特别法，例如在某些市场或地区实行的政府执照或行政法规。
· 国家调控。国家完全消灭经济参与者的决策自由，自己指挥所有经济活动。

只有当自由交换经济不能正常运行时，政府才能进行一定程度的合理干预。迄今为止，在这个问题上有三个领域值得讨论：垄断管制、工资构成、信用及雇佣政策。

正如政府调控经济活动一样，生产资料国有化与反对经济势力地位的持续斗争也南辕北辙。极权主义国家可以没有国民经济而存在，但相反，绝对的国家经济只能来自极权国家。商业机构公有化的概念经历了几次重大变迁。

公有化之所以产生，是由于传统途径无法使劳动力市场达成和谐，因此，它被用来抗衡雇主相对其雇员的势力。而现在，除社会主义国家以外，这个概念仅仅出现在一些垄断行业中，因为人们找到了其他平衡劳动力市场利益的措施。近几十年的经验显示，与私人个体相比，国家更能易如反掌地破坏民主自由。就算国有化支持者的立场已经有所妥协，他们依旧站不住脚。因为，如果国有化不被认定是原则问题，而只是权宜之计，我们很容易证明：国有化既不适合也不能有效地压制经济势力。拥有实权的组织在国有化的进程中往往都完好无损地保留了下来。从过去的经验也能知道，政府垄断比私人垄断更让人不得安宁。从政治上来说，政府垄断推动国家极权主义；从经济上来说，官僚机构的惰性替代了积极主动的市场开发。因此，不论政治、经济层面，政府垄断都十分危险。因此，无论垄断利润多么该被指责，它都好过经济整体的成本上升。事实上，我们要摈弃这种观点：垄断存在是因为特殊收益被允许。毕竟，统治市场比直面竞争要更方便。特别是在国有垄断的例子中，便利性往往是采用激进垄断措施的主要动机。此外，我们也要知道，经济势力往往不在经营者自己手中，而多半来自要求生产资料集中化的行政机构。

但有一点不甚明了：如果我们对过去形成的私人垄断放任不管，以后它们一定会设法破坏竞争系统。从之前的经验来看，民主国家是否能够长期顶住压力并保证严格地实行竞争系统倚仗的竞争原则值得怀疑。因此，清除这些势力的必要性不容置疑。但这并非一定要以国有化为先决条件。只要资本在私营业主间广泛分散开，并设置资本参与上限来防止新的合并势力出现就足够了。同时，应放宽生产资料集中化，因为这个举措不会影响德国经济的效率。

在此应该指出，在实行国家反垄断监督和国有垄断的两种情况下，国家与经济的关系截然不同。在国有化中，官僚主义在工商业与行政管理中的势力不断累积；而实行国家反垄断监督时，监督机构与被监督企业形成两股相互对抗的势力。

取消管制之后，建立竞争系统的下一步，即为完全竞争创造有利条件。下面列举出了不同的途径与方法。

回归自由贸易扩张市场。未来，德国将不只是工业加工国，也将成为农业加工国（失去拥有剩余农业产品的东部地区后）。这种环境下，自由贸易总是有优势的，尽管其他国家可能坚持保护主义。保护主义基本都是出于军事原因，以差别关税和国家管制来影响国内的生产计划。这说明，自由贸易在和平的环境中才能繁荣，同时也反映了一个国家所能表现的最强烈的和平愿望。向自由贸易的转变将同时在贸易和生产领域造福德国。一方面，它能营造有利的环境氛围；另一方面，只有充分利用成本的相对优势才能保障德国经济在未来几年平稳运行。最新计算显示，这种情况下，即使只按普通生活标准，德国需要进口的食品量都已经超过了过去进口商品总量。可以看出，实施农业保护主义对德国来说会有多么昂贵。

通过标准化扩张市场。商品标准化是减少不同质量、商标，以及“理念”中存在众多垄断的有效办法。但是由于标准化会促使企业增长到最优规模，它也会鼓励企业集中化。尽管如此，利益应该还是大于损失。

巩固商人的市场地位。由于贸易的特殊结构，它更不容易导致经济集中化。在贸易中，只有当工业被强制或受到鼓励时卡特尔才会应运而生。重中之重应该是鼓励专利品的产品标记更新换代，并一律禁止对零售价格的控制。

以减少所有有利于集中化的条款为目标来修改整个经济法。这也适用于税法、专利法、公司法、合同法以及破产法。在公司法中，对负债的限制应大幅减少，取消公司只能有限借债的规定，股份公司应由股份有限公司取代，但要有一个或多个普通合伙人。同时，应该考虑自然人或法人在有限责任公司中可参股的上限。在合同法中，应当着重考虑设立一个针对私人市场的特殊条款，禁止所有私人协议和非正式书面合同。

可以看出，存在对积极的经济政策的需求使我们区别于 19 世纪的经济自由主义：我们学会了区别自由放任和竞争，我们明确希望建立一个经济秩序，我们依照经济制度进行思考。

第十章
动态经济中的利率和投资[1]

作者：弗里德里希·A. 鲁茨

① Lutz, Friedrich A. 1945. "The interest rate and investment in a dynamic economy." *American Economic Review* 35 (5): 811–830.

投资决策者往往否认他们的决策会受利率水平的影响。“二战”前，牛津大学的一组经济学家就利率对投资决策的影响采访了一些商人，并得出结论：“大多数人否认他们的行为受到或者可能受利率变化的直接影响。在表示有时会受到影响的人当中，也仅有少数认为其影响重大。”[1]

但至少在 19 世纪和 20 世纪的前 30 年里，经济学家和货币当局都将利率政策视为抑制或扩大投资的一个有效手段。直至今天，这个观点也没有过时，但其关注重点已经从利率政策转向公共支出。1944 年 5 月发布的《英国就业政策白皮书》就利率政策对投资的影响做了“正统”的解释：“如果借贷成本高，那么，在该利率水平下不盈利的项目就无法上马。当利率降低时，这些项目在其他项目照旧进行的同时将被重新提起。”然而，白皮书的侧重点并不是

① H. D, Henderson, “The Significance of the Rate of Interest,” *Oxford Economic Papers*, No. I, October, 1938, p. 9.

利率政策。在肯定“通过利率变化影响资本支出的可能性”的同时，它更强调公共开支作为调节投资和就业手段的作用。

有人试图通过分析证明利率必然影响投资，也有人认为其实际影响微不足道，而他们之间的观点分歧，或许仅仅是因为其各自所持的论证假设前提不同。虽然通过严格的理论论证可以说明，在其他条件不变的情况下，利率变化会影响投资，但这种影响在其他条件出现变化的动态状况下，可能根本无法被察觉。这些“其他条件”至关重要，以至于掩盖了利率在静态状况下可能产生的影响。

本文试图说明在静态经济学理论中引入动态因素产生的结果。引入动态因素并不能使我们全面地解释投资决策问题，因为在进行任何决策时都会有无法考虑到的因素，所以还需要进行理论论证。但是，通过引入重要的动态因素，我们可以得出比静态理论所能得出的更为实际的结论。

接下来，我们将从四个方面考察利率变化产生的影响（变化指一定范围内的变化，例如 2% 是指从 5% 降至 3%，或者反之亦然）：存货（可变资本）；耐用生产资料；耐用消费品（重点关注房屋）；利率的影响范围，以及利率变化对金融机构行为的影响。

存货

霍特雷（Hawtrey）有关利率水平对批发商库存影响的著名理论，可以作为我们讨论第一个问题很好的出发点。霍特雷指出，批发商的“利润来自买入价与销售价的差额，所得毛利再减去保险、租金、工资等支出。虽然这些支出相对于货物整体价值占比较小，但不能因此认为利息不重要”。[①] 因为通过贷款购买的存货会产生利息费用，“半年期利率突然从 2% 上升到 3.5%，可能会使批发商犹豫是否增订货物”。其后果是，生产商会因订单减少而削减生产。

在更深入地探讨霍特雷的观点之前，我们需要先对其进行详细的阐述。假设批发商经营的货物平均仓储期为 3 个月，而他利用 3 月期的贷款来购买这些货物。那么，批发商的可变成本就包括 3 月期贷款产生的利息费用。假设批发商单位产出量（销量）的边际成本随着销量增加（即边际成本曲线上升），他将扩大销售直至边际收入等于边际成本。如果在此时利率上调，边际成本曲线将由于利息费

① R. G. Hawtrey, *Currency and Credit* (London, Longmans Green, 1930), p. 25.

用增加而上移。理论上，企业家在这种情况下会减少销量（并在不完善的市场上提高价格），以便达到新的均衡，使边际收入再次覆盖边际成本。

这个论证虽然逻辑正确，但忽略了几个重要因素。

第一，虽然利率上升时批发商的利润会下降，但他不太可能立即减少销售（以及提高售价），尤其是在他认为短期利率只是暂时上升时。其原因如下：首先，他可能并不清楚自己的成本（和需求）曲线的形状，因此也意识不到如果减少销售额，获得的利润将比保持旧的销量下降更少。其次，更为重要的是，即使他明白这一点，也会认为维持在客户中的良好声誉比（轻微的）亏损更重要。因为长远来看，维持声誉或许能比短期利润最大化带来更高的收益。

如果利率上升时没有减少销量，那么库存也不太可能降低。因为根据经验，一定销售量需要一定库存量作为支撑。库存与销量比例的变化，实际上往往是价格波动导致的“投机”性采购、营销手段长期改善或销量突然变化的结果。而在周期内，库存随销量变化，这表明后者是影响前者的主要因素。

第二，批发商可能主要用自有资金为业务融资。在这种情况下，他不会由于依靠银行贷款而“感觉到”利率上升。例如，如果他只有十分之一的库存是通过银行贷款购买的，那么即使是高达2%的利率变化也不会对其成本核算产生明显的影响。[①]

即使在20世纪20年代早期，美国的批发商也没有向银行大量举债。一项对资产占同类型企业总资产27%[②]的27家大型贸易公司所做的抽样调查显示：1929年，样本企业的银行债务只占其库存量的9.7%。在20世纪30年代，这个比例都不高。

第三，利率提高通常发生在价格上涨或预期要上涨之时，而利率下跌一般出现在价格下跌或预计下跌之时。在这种情况下，利率政策不会成为主要影响因素。例如，如果批发商预计价格在3个月内会上涨1%，那么即使利率提高2%也不会阻止他增加库存。预期价格上涨导致库存增加的效果通常比利率提高导致库存减少的效果（如果有的话）更强。

耐用生产资料

现在我们来看看利率对固定生产设备使用的影响。为了确定购置某部机器能否盈利，企业家会对预期收益现值

① 在此我们假设：在实践中，商业公司以平均成本而不是边际成本进行核算。
② 样本由国家经济研究局为金融研究项目收集。

与机器成本进行比较。比较结果会从两个方面受利率水平的影响：第一，利息费用属于机器购置成本，因此利率下降（上升）将降低（提高）成本。但是，由于利息只占购置成本很小的一部分，其影响微不足道。第二，利率被视为资本化的重要要素，所以利率下降（上升）将提高（降低）机器收益现值①。

应该注意到，利率作为资本化要素和作为机器使用成本要素的影响是一样的。如果一个企业家对机器未来收益流（总收入减去运营费用②）进行资本化后，将同等数额的资本投入资本市场，经过与机器使用寿命相等的时间后，会获得与投资运营机器相等的收益。如果收入的现值恰好等于机器的成本，就意味着，假如他把投资机器的收益以复利投入资本市场，那么在机器使用寿命到期后，他会获得一笔相当于机器购置成本加上这期间将购置成本投入资本市场所获利息的收益。假设他在机器使用寿命到期时一次性支付利息费用，将刚好能够向债权人支付其所欠（本

① 进行资本化时，必须考虑风险因素。如果未来收益按市场利率（或企业家偿还债务的利率不同于市场利率）进行资本化，就必须将风险因素包括在企业家对未来收益的预期内。对收益进行资本化前，先使用一个能够体现风险（企业家认为存在）的因素对机器使用寿命内预期年收益进行“更正”。进行资本化的程序将在后文讨论。

② 在此处，“运营费用”是个狭义概念，不包括折旧和利息费用。

金和利息）的债务。或者，如果他用运行机器的年收益逐年偿还债务，那么在机器使用寿命到期时，也将刚好向债权人支付了本金加上逐年减少的利率费用的总和。如果机器现值高于成本，企业家会赚取超额利润。反之，如果现值低于成本，企业家就会亏损。

我们已经通过比较资本化收益和初始投资成本说明了机器的使用成本（以利息的形式支付给债权人）。因此，认为利息对资本化有重要影响但对机器使用成本的影响微不足道的观点便不成立。然而，我们却经常听到这种观点。[①]

我们现在着手分析在生产过程中利率变化对投资的影响。

1. 水平扩张和紧缩

根据静态经济学理论，利率降低（上升）将导致固定设备扩张（压缩）。在本小节中，我们假设扩张属于水平（相

① 在另一篇非常有说服力的文章《报废风险和利率的重要性》[M. Moonitaz, "The Risk of Obsolescence and the Importance of the Rate of Interest," *Journal of Political Economy*, Vol. LI, No.4(August, 1943) pp. 349-55] 中，M. 穆尼茨（M.Moonitaz）首次讨论了作为成本因素的利率，此处他指的不是机器的购置成本而是使用成本。他还讨论了作为资本化因素的利息："利率除了是估算成本的因素之外，还是资本化因素。"他的结论是："虽然利息不是重要的成本因素，但其作为资本化因素的作用似乎能够说明它的重要性。"

同）类型，即企业家添置的机器与已在使用的机器相同。相应地，压缩意味着已在使用的机器未得到完全补充。我们在这里不考虑可用的替代技术和替代品问题。这个问题将留待以后讨论。

处于竞争均衡状态时，企业使用任何类型的机器的可归属边际收益（总收入减去运营费用）现值只能等于其成本。[①] 如果利率降低，则每台机器的收益流现值（V）都将上升，从而使利润现值（V–C，C 代表机器的成本）增加。这将促使企业家增加机器数量。反之，如果利率上升，企业家将不会补充机器。

利率降低导致利润现值上升的幅度取决于两个因素：第一，收益流长度（或者机器使用寿命的长度），因为收益流越长，其现值受利率变化的影响就越显著；第二，收益流宽度，在给定时间内，收益流越宽，利率降低导致的现值上升就越明显。因此，机器收益流越宽，利率降低时企业家水平扩张的动机就越强，而在利率上升时其压缩动机就越强。[②]

① 假设一台机器的可归属收益能够从总收益中分离出来，尽管事实并不总是这样。

② 在静态平衡状况下，所有企业都不可能实现水平扩张。V–C 上升幅度更大的公司将以 V–C 上升幅度较小的公司为代价实现扩张。这个结果由生产要素价格上涨导致，此处不展开分析。

需要注意的是，如果目标是利润率（V / C）最大化而不是利润现值（V–C）最大化，[①] 那么收益流的宽度就无关紧要。以两台使用寿命相同的机器 A 和 B 为例：A 的年收益大于 B。那么，给定利率的条件下，由于两台机器的收益现值均等于其成本，所以机器 A 必然相应地比机器 B 贵。如果在比之前利润水平低的情况下对收益进行资本化，则两台机器的成本利润率（V / C）上升水平相等。[②] 因此，如果假设企业家试图最大化 V / C 而不是 V–C，那么使用昂贵机器的企业家扩张设备的动机则不会强于使用便宜机器的企业家。从纯理论的角度来说，企业家应该以 V–C 最大化为目标，但实际情况是否如此令人怀疑。因为在现实中，用于核算机器盈利能力的公式往往基于 V / C 最大化的假设。[③]

接下来的论证将抛开“其他条件不变”的假设。在动态状况中，大部分过时的工业设备都会被淘汰。有鉴于此，

---

① 我在题为《投资理论中利润最大化的标准》的文章中讨论了使用这两个标准产生的不同结果。“The Criterion of Maximum Profits in the Theory of Investment,” *Quarterly Journal of Economics*. Vol. LX No 1 (November, 1945).

② 至少当假设两台机器收益流长度和形状相同时的情况是这样。该结论不适用于收益流长度不同的机器。在给定利率水平的情况下，两个寿命不同的机器的收益 V 分别等于其成本 C，那么利率下降会导致寿命长的机器的收益增长水平高于寿命短的机器。

③ 正如我在上面引用过的文章中所做的一样。

企业家通常会以短于机器预期使用寿命而不是根据损耗计算的寿命来核算盈利。用行业术语来说就是，购置机器的条件是必须能够在较短时间内“收回成本”。但在很多情况下，投资回收期比实际寿命短。根据 L. P. 奥尔福德（L. P. Alford）在 20 世纪时对商人所做的问卷调查，97.4 % 的被调查者认为应该在 5 年或更短时间内收回初始投资，61.4 % 的被调查者表示应该在 3 年之内收回。[①] 这似乎是处理使用寿命即将到期的机器的惯例。用我们的话来说，购置机器的条件是其 5 年或 3 年内的资本化收益超过或等于其价格。而在三五年内，利率降低 1% 或 2% 对收益现值的影响可以说非常小，所以很容易被影响投资决策的其他因素抵消。

这些影响因素其中之一，就是对机器未来收益预期的变化。企业家可能会预期机器的实物产出或产品售价会提高或降低。预期年产出流越大、预期售价越高，收益现值高出成本的幅度就越大。对于寿命较短的机器来说，产出流量与价格的预期变化比利率变化的影响更大。例如，如果一台机器在未来 5 年内的预期收益为每年 800 美元，则

① L. P. Alford, *Technical Changes in Manufacturing Industries*, Recent Economic Changes, I. (New York, 1929), p. 139. 更多新材料参见 L. P. Alford (editor), *Cost and Production Handbook* (New York, Ronald Press,1942), p. 774。

收益流（按3%利率计算）现值为3 663美元。假设这个现值（按3%利率计算）刚好等于机器成本，利率上升至5%将导致收益现值低于机器成本200美元。然而，如果企业家预期自第二年开始年收益会以3%的增长率上升，那么就足以抵消利率上升对收益流现值的影响。[①]

但是铁路设备、高炉、船舶等耐用资本货物的情况不同。首先，上文已经提到，资本货物的收益流越长（越宽），利率变化对收益现值的影响就越显著。其次，对于使用寿命短的机器，在上升周期中，企业家可能预期该机器在其使用寿命内的产出流或价格会不断上升；但是对于寿命预期超过波动周期的资本货物，就不会预期在其整个使用周期内的产量或价格会一直上升（除非预期价格或产出呈现长期上涨趋势）。因此，尽管企业家可能预期在不久的将来收益会不断增加，但是他必须考虑经过一段时间后很可能出现相反的趋势。在下降周期内，收益也可能出现先降后升的情况。因此，就使用寿命长的设备而言，对价格和产出变化的预期不太可能抵消利率变化对利润产生的影响。

价格和产出预期的变化不是唯一能抵消利率影响的因

① 年收益第一年为800美元，此后以每年3%的水平增长，按5%的利率水平计算，收益流现值为3 668美元。

素。在大多数制造业中都存在持续的技术创新趋势。[①]技术创新可以扩大资本货物成本与资本化收益之间的差距，或者开辟新的利润空间。在一般情况下，利率上升对技术创新引起的投资扩张影响不大。[②]此外，技术进步和创新于公共部门而言的重要性可能低于多数制造业。

2. 资本替代劳动

根据静态经济学理论，利率降低将减少劳动的相对成本，促使企业家用资本密集度高的生产方法替代资本密集度低的生产方法。该结论的前提是，企业家可以在大量不同的劳动资本组合中进行选择。这些组合的区别在于，这一组合比“下一”组合投入的资本略多而劳动略少，即劳动与资本之间存在连续替代关系。但这个假设并不符合现实。事实上，如果假设这些组合之间存在较大差距，因此企业家只能从少数几个生产组合中选择，那么我们会更接近真相。在这种情况下，利率降低并不一定导致企业家采

① 正因如此，企业家才预期他们的大部分机器将在相对较短的时间内报废。

② 在此我们无法详细讨论这个问题，但可以简要说明在什么条件下应当用新机器替代旧机器。如果新机器的盈利能力是按资本化估算的，我们可以将其表述为：一旦旧机器的收益与经营费用之差低于其残余价值与新机器利润（V–C）现值的利息之和，则旧机器应当报废。G. Preinreich, “The. Economic Life of Industrial Equipment,” *Econometrica*, Vol. 8, No.' 1 (January, 1940), _pp. 15 *ff.*

用资本更加密集的生产方法。

假设有两台机器 A 和 B，其使用寿命和单位时间产出相同。机器 B 更贵（需要更多的初始投资），但其经营费用小于机器 A 的经营费用（如单位时间需要支付的工资较少）。因此，机器 A 单位时间的收益小于机器 B。

假设资本化公式表明，在利率较高的情况下便宜的机器更赚钱。那么何种情况下昂贵的机器在利率较低时的利润更高？当利率降低时，两台机器的收益现值（V）都会上升，但机器 B 的收益现值上升幅度更大。于是，机器 B 的利润现值（假设此前利率较高）比机器 A 的增加幅度更大，因为机器成本（C）不变。但是，要使机器 B 的利润现值在新（较低的）利率水平上超过机器 A，机器 B 的利润现值必须大于旧利率水平（较高的）下机器 A、B 利润现值之差与新利率水平使（较低的）机器 A 利润现值增加值之和。由于利润现值是由资本化收益扣除机器成本所得，所以显然其结果取决于两个机器的相对成本。给定机器 A 的成本，我们可以通过下列公式确定一个成本范围，使得机器 B 在利率低时更有利可图：

$$V_{BH} - (V_{AH} - C_A) < C_B < V_{BL} - (V_{AL} - C_A)$$

V_{BH}和V_{BL}分别表示在较高或较低利率水平下机器B的收益现值。V_{AH}和V_{AL}分别表示较高和较低利率水平下机器A的收益现值，C_A和C_B分别表示机器A和B的成本。如果C_B低于$V_{BH}-(V_{AH}-C_A)$，无论利率上升还是降低，机器B都比机器A更有利可图。如果C_B在公式所示范围内，那么在较低利率水平下，机器B更有利可图，而在较高利率水平下其利润小于机器A。如果C_B大于$V_{BL}-(V_{AL}-C_A)$，机器A在两种利率水平下都比机器B更有利可图。因此，只有当昂贵机器的价格处于一定范围内时，利率降低才会使企业家对其投资。

表10.1是一个算术示例：

表10.1　算术示例

	成本（美元）	使用年限（年）	机器年收益（美元）	收益现值（美元）		利润现值（美元）	
				利率水平5%	利率水平3%	利率水平5%	利率水平3%
机器A	3 000	5	800	3 463	3 663	463	663
机器B	3 900	5	1 000	4 329	4 580	429	680

如果机器B的成本为3 900美元，在3%的利率水平下就比机器A更有利可图，但在利率水平为5%的情况下，

它的利润较低。当机器 B 的价格低于 3 866 美元（4 329 减 463）时，机器 B 在两个利率水平下都比机器 A 的利润更高。而当机器 B 的价格高于 3 917 美元（4 580 减 663）时，机器 A 在两个利率水平下都更有利可图。

机器 B 的耐用性越高、单位时间收益越高，在利率降低时就越有可能取代机器 A。因为收益流越宽越长，$V_{BL}-(V_{AL}-C_A)$ 的值就越大。因此，利率降低更容易影响耐用时间长、成本与运营费用比例高的机器。所以，公共设施和铁路行业比制造业更可能在利率降低时更换昂贵的设备。例如，降低利息成本可能使铁路系统电气化有利可图。

3. 投资收益率的实用评估方法

尽管上文使用的资本化公式在现实中经常使用（特别是用于估算长期耐用设备的盈利能力），但“单位成本法”① 的应用更为普遍。这种方法主要有两种形式。

两种形式的“单位成本法”都可以用来估算年均收益（未折现的未来平均年收益）与年均成本。在第一种形式中，年均成本包括（除了劳动和材料成本、保养费、维修

① 估算机器预期盈利能力的方法。L. P Alford (editor), *Cost and Production Handbook* (New York, RonaldPress, 1942). W. Rautenstrauch, *The Economics of Business Enterprise* (New York, Wiley,1939). E. L. Grant, *Principles of Engineering Economy* (New York, Ronald Press, 1930).

费、折旧费和税费等）机器原始投资的一半资本所产生的利息，这里假定设备平均磨损率为50%，即其平均未耗用（或账面）价值为原始成本的一半。然后将年均成本与年均收益进行比较，如果后者超过前者，则机器的利润率超过利率。在第二种形式中，成本估计不含利息。将年收益与年成本的差除以原始投资得到利润率，再将利润率与利率进行比较。单位成本法两种形式的估算结果都不如资本化公式准确，但在三种方法中，利率都是估算的重要要素。所有这些公式中使用的“利率”往往高于市场上的实际长期利率，该溢价表示投资风险。投资风险在本文中并不重要，因为我们使用了符合市场利率波动的利率。但实际上，许多公司在估算时使用的是行业的“正常”回报率，与长期市场利率波动无关。在此情况下，市场利率波动不影响投资。这或许是亨德森（Henderson）文章观点背后的逻辑：“对于我们的问题，通常的解答是：用于计算各项资本支出的方法往往非常精确，乃至于可以总体上忽略利率的变化。”

遗憾的是，我们无法评判这种与市场利率无关的“利率”在实际估算中是否被普遍采用。但似乎有理由认为，这种情况在利息费用低、对市场利率变化不敏感的公司中尤为常见。利息费用在公司财务中的重要性取决于：是否通过长期债务融资，机器成本与运营费用[①]的比率。一项收录了84家大型制造业公司（资产占所有大型制造业公司总资产的45%）具有代表性的收入样本[②]报告显示，1938年，其长期利息费用占年总成本（营业费用、折旧费用、维修费用、销售费用和管理费用、利息费用等，不含税）的比例最高不超过3.5%，大多数公司该比例低于1%，而其中37家公司根本没有债务。

在公共部门和铁路行业中该比例则相对较高。因为这些行业的经营费用较低，并且经常通过发行债券的方式为其大部分资产融资。因此，许多企业都要支付高额利息费用。从表10.2可以看出利息费用对公共部门而言的重要性。

表10.2　公共电力企业（1938年）

长期利息费用占总成本比例（%）	企业数量（家）
0	84
0~4.99	21
5~9.99	37
10~14.99	63

① 此处使用的是220页脚注②中提及的狭义“运营费用”。

② 样本由国家经济研究局为金融研究项目收集。A. R. 科赫（A. R. Koch）在 *The Financing of Large Corporations: 1920–1939* (New York, 1943) 的附录A中对样本进行了详细叙述。

续表

长期利息费用占总成本比例（%）	企业数量（家）
15~19.99	63
20~24.99	28
25~29.99	17
大于 30	7
	—
	320

资料来源：*Statistics of Electric Utilities in the United States*, 1938 (Report of the Federal Power Commission)。

该统计也涵盖了年收入 25 万美元及以上的私营电力企业。1938 年共有 393 家以上规模的私营电力公司，统计样本满足非营业收入或损失（包括租赁给他人的公共事业工厂的收入或损失）小于营业收入的 2%。总成本包括利息费用和报告中所称的“营业收入扣除”（营业费用、折旧、摊销、税收和其他一些小项目）。由于税收包含的企业所得税不能视为成本，所以总成本比实际偏高，导致利息费占总成本百分比偏低。

据此，我们可以认为，公共部门非常重视长期利率，而长期利率确实会影响其成本估算。如果情况确实如此，那么我们就找到了一个利率变化可能对其十分重要的领域。

但即使在这个领域，利率变化也不会立即产生影响。例如，即使利率已经下降，公共部门仍然可能推迟投资。因为它们预计利率会进一步下降，而只有当决策者认为利率已达到最低水平时才会选择开始扩张。相反，利率上升可能不会立刻导致扩张停滞，而是要等到利率升至异常高的水平，才会抑制扩张。

耐用消费品

1. 水平扩张

耐用消费品投资（房屋是最好的例子）与耐用生产资料投资的影响因素基本相同。如果房屋未来收益（即租金减去维修费用等）现值超过建造成本，投资便有利可图。由于房屋使用寿命相对较长，即使对其有减值预期，利率变化依然会对收益现值产生显著影响，因此利率水平被视为影响房屋建设数量的重要因素。

下面的例子可以说明有几个因素对影响房屋投资相对重要。假设某公寓年租金（扣除维修费用后）为 5 000 美元，而建房的企业家认为他应该在 10 年内收回投资，那么在 7%的利率水平下，他计算出的租金流现值为 35 100 美元；如果他对未来信心不足，认为能在 15 年内收回投资就可以，那么他根据租金流现值计算出的未来租金折现为（每年 5 000 美元）45 608.20 美元。①

“时间跨度”从 10 年延长至 15 年所带来的利润现值增加，也可以通过将年租金从 5 000 美元上调至 6 495 美元（10 年），或通过把建房成本降低 10 508 美元以及把利率从 7%降至 6.1%来实现。

事实上，即使收益现值与建筑成本的差额表明投资有利可图，潜在的投资者也可能因为无法筹集必需的资金而放弃投资。所以，房屋投资量不仅取决于预期收益流的长度和宽度，以及建设成本和利率，还会受购房融资条件的影响。尤其是房屋按揭首付额和还贷期限（在一定程度上受年还贷额影响②）。首付款和年还贷额越少，有能力购房的人就越多；而在给定按揭期限内，利率降低会使购房者每年的还贷额减少。③

---

① 该计算说明了不确定因素的重要性。如果未来不确定性降低，对房屋经济寿命的预期将提高，该房屋可能从无利可图变为有利可图，尽管利率和建筑成本、租金都没有发生变化。

② 在这方面，房屋建设和其他经济活动没有根本区别。许多制造业企业家也会因为不能满足信贷条件而无法投资有利可图的项目。

③ C. A. 朗（C. A. Long）在 *Building Cycles and the Theory of Investment* (Princeton, 1940), p. 28 中引用了一个例子：一套价值为 6 000 美元的房屋，其价值的 90% 通过 25 年期的按揭贷款支付；房屋每年需要支付金额（包括分期付款、利息、税和保险），在利率为 5% 时是 580 美元，在利率为 3% 时是 467 美元，而在利率为 1% 时是 402 美元。

虽然利率水平是房屋建设的重要影响因素，但我们无法断言利率降低一定会刺激对房屋的投资，反之亦然。当收入下降且未来水平不确定时，即使利率降低会使每年的还贷额减少,或许也难以刺激需求。当经济活动不断增加时，即使利率上升也无法动摇人们对经济持续繁荣的信心，因而也不会产生抑制房屋建设的效果。在经济复苏初期，利率上升亦不太可能抑制房屋投资。

2. 耐用性

根据静态经济学理论，利率下降不仅会刺激对新房建设的投资，而且还会鼓励企业家建造投资规模更大、耐用性更强的房屋。

经济学家认为，利率下降将促使人们建造耐用性更强的房屋。他们的观点是基于这样的假设：随着房屋耐用性的增强，至少在一定范围内，延长一年使用寿命所需投入的边际成本会降低。当延长一年使用寿命所赚取租金现值等于边际成本时，企业家的利润将最大化。由于利率下降将提高增加一年所得的租金现值，可能使其高于边际成本，令增加房屋寿命有利可图。

实际上，这种机制往往被其他因素所掩盖。过去几十年里，房屋时尚的变化、室内设施制造技术的飞速发展，以及人口结构的变化，都促使企业家无视利率水平，建造了更多使用期短的房屋。如前所述，这些因素增加了房屋远期回报的不确定性。于是，企业家们倾向于在越来越短的利益流基础上估算回报，这种倾向抵消了利率下降对房屋耐用性的影响。

利率的影响范围，以及对金融机构行为的影响

表 10.3 中的数据说明了总资产形成对各经济部门的相对重要性。

1929 年，经济景气时期新建住宅（包括维修等）和公共设施占总资本形成的 25.5%。[①] 而在 1931 年和 1933 年萧条时期，该比例分别为 31.4%和 23.3%。在本表中，其他项目的某些部分应列入这两类投资中，因为它们对长期利率的变化十分敏感。另一方面，由于许多公共设施不使用长期贷款，而住宅建设数据包含修理费，所以这两项的部分投资额不能列入敏感类。据此，难以说明总资本形成的大

① 由于数据统计方式的原因，此处无法像其他项目一样减去维修费用。因此，此项中的住宅和公共设施建设占总资本形成（不包括维修保养）的比例偏高。

表 10.3　美国资本形成总额

资本形成类型	1929 年		1931 年		1933 年		1937 年		1938 年	
	金额（百万美元）	占比（%）	金额（百万美元）	占比（%）	金额（百万美元）	占比（%）	金额（百万美元）	占比（%）	金额（百万美元）	占比（%）
1. 住宅建设（包含增值、维修、改建）	3 010	15.3　（11.0）	1 262	15.4　（9.5）	392	10.9　（6.0）	1 956	11.1	1 746	14.5
2. 公共设施（新建）	2 030	10.2　（7.5）	1 326	16.0　（10.0）	450	12.4　（6.8）	2 555	14.6	1 952	16.3
3. 其他商业建筑	2 551	12.9　（9.4）	906	10.9　（6.8）	486	13.3　（7.4）				
4. 公共工程	2 928	14.8　（10.8）	2 615	31.6　（19.6）	1 383	38.0　（21.1）	2 889	16.4	3 455	28.8
5. 耐用生产资料	6 908	34.7　（25.4）	3 531	32.7　（26.5）	2 051	56.4　（36.3）	6 828	38.9	5 169	43.0
6. 商业库存变动	2 414	12.1　（8.9）	−1 375	−16.6　（−10.3）	−1 126	−31.0　（−17.2）	3 337	19.0	−314	−2.6
总计（1—6）	19 841	100	8 265	100	3 636	100	17 565	100	12 003	100
7. 房屋（维修）	5 689	（20.9）	4 091	（30.8）	2 280	（34.8）				
8. 耐用生产资料（维修）	1 654	（6.1）	943	（7.1）	644	（9.8）				
总计（1—8）	27 184	（100）	13 299	（100）	6 560	（100）				

资料来源：S. Kuznets：*Commodity Flow and Capital Formation*, Vol. 1, 1938。S. Kuznets: *Commodity Flow and Capital Formation in the Recent Recovery and Decline*: 1932–1938, Bulletin 74 of the National Bureau of Economic Research, 1939. 耐用消费品（房屋除外）维修费、金银库存变化、对外国债权变化在本表中已被省略。

约25%受到长期利率变化的直接影响。而且，把维护费用计入总资本形成后，该比例还会进一步降低。

从实证角度考察经济活动的这些领域，我们会发现，1921至1922年，在长期利率大幅下降之时，住房建设和公共设施领域的新投资增加（1922年）、制造业投资下降。[①]反过来，1929年长期利率上升时，住宅投资（尽管不包括公共设施建设）却急剧下降，且下降先于其他领域（包括公共设施）。当然，我们不能就此得出结论：利率变化是导致住房和公共设施投资变化的直接原因。因为除此之外，长期利率变化与这两个领域的投资变化也存在正相关的情况。

就资本支出总额而言，其增长通常伴随着利率的提高，而减少也与利率水平下降有关。这种相关性证明了我们的大致看法：在动态状况下，利率水平的变化通常不能抑制或刺激总体投资。然而，经济由盛而衰的转折点通常以高利率为先导，而复苏会紧随低利率出现的事实似乎又表明，利率确实能够影响投资总量。尽管我们不能根据事后推论证明这一点，但可以合理地认为，高（低）利率水平至少

① 1922年，公共事业债券利率下降了1%以上。

是引发经济衰退（复苏）的一个因素。理由有三。

第一，存在高利率导致住房和公共设施投资下降的可能性，而投资下降又会通过建筑材料需求减少扩散至经济体系的其他部门。然而，要产生这个效果，下降幅度必须能够抵消其他行业（对利率上升不敏感）的投资增幅。但以上列举的数据说明，这样的增幅似乎难以达到。

第二，异常高的利率可能会通过影响企业家的利润预期进而影响投资。通常的看法是，企业家会将官方贴现率作为判断商业总体形势的晴雨表。如果情况确实如此，那么当企业家认为贴现率已达到异常高的水平时，就会预期新机器的收益将在近期内出现下降，因而认为投资无利可图。然而，企业家究竟在多大程度上将贴现率视为未来商业形势的晴雨表，我们无从知晓。

第三，过高（或过低）的利率水平可能会通过影响金融机构的行为而间接地影响投资。利率变化对利润核算和资金需求的影响，可能小于其对作为借贷中介的金融机构行为的影响。这个观点涉及更广泛的问题，本文无法全面论述，仅做简单概括。

就商业银行而言，官方贴现率大幅下降（伴随着银行流动性上升以及银行收费率下降）可能会促使其比以往更全面地“梳理市场”，于是，商业银行可能愿意考虑那些以前被拒绝的项目。因此，那些计划先暂时通过短期贷款来添置新设备，然后再通过发行证券或用所获利润来还贷的企业家可能会得到银行贷款。银行可能会降低对通常作为客户信誉指标的“流动比率”的要求，而采取其他方法为其资金寻找出口。这意味着企业家能够重新上马以前因融资困难而搁置的项目。

反过来，当贴现率水平异常高时，这种影响更加显著。超高利率通常伴随着央行的“道德劝说”，使商业银行更不愿意贷款。结果，商业银行不仅会提高信贷条件，而且还会经常采用信贷配给手段。

如果投资机构认为长期利率异常高，可能会由于担心公司在未来萧条中拖欠利息而不愿意资助其发行债券，因为公司的违约行为会损害投资机构的声誉。[①] 股票发行也可能面对类似的问题。股票投资者的平均预期回报不会低于债券回报。如果投资公司比公司管理层对实现合理回报率更缺乏信心，则可能拒绝发行股票。因此，当长期利率高时，即使股价还未下跌，公司也很难发行新股。此外，股

---

① 需要对管理良好的投资机构的行为准则进行深入研究。

市操盘手往往比企业家更倾向将贴现率视为经济形势的晴雨表。利率上升可能会导致对未来股息更悲观的预期，抑制股价上涨，甚至导致下跌。（根据历史经验，股价下跌通常先于商业活动减少。）当股价下跌或预计在不久的将来会下跌时，公司一般不会发行新股。因此可以想象，资本市场可能仅仅因为贴现率上升——导致市场对未来持悲观预期——就出现资本“枯竭”。

总结

根据上述讨论，可以得出以下结论：

- 在动态状况下，（短期）利率变化不会影响商人（或生产商）的核算，从而促使其减少或增加库存；
- （长期）利率变化不太可能影响制造业的投资决策；
- 在某些情况下，（长期）利率变化可能会影响公共设施（包括铁路）和房屋建设的投资决策；
- 在某些情况下，利率水平可能会影响金融机构发放贷款和发行股票的意愿。因而，尽管利率变化不影响企业家的利润核算，但可能对投资产生间接影响。

近10年来利率一直保持稳定，而且财政部似乎也准备无限期地让其保持在目前的水平。本文无法回答这样的政策能否长远有效的问题。但如果是有效的，那么本文的讨论便没有什么意义。

然而，股市 20 多年的繁荣表明，事实并非总是如此。

第十一章
增长、结构变化与就业层面：基于熊彼特的视角[①]

作者：赫伯特·吉尔施

① Giersch, Herbert. 1979. "Aspects of growth, structural change, and employment: A Schumpeterian perspective." *Review of World Economics* 115 (4): 629–652.

概念框架

1. 本文旨在分析近期主流经济学发展中或多或少被忽视的增长和就业问题。如副标题所示，我们用被称为“熊彼特学说”的思想框架向曾在维也纳、波恩，以及耶鲁大学和哈佛大学任教的约瑟夫·熊彼特（Joseph Schumpeter）致敬。正如在基尔一样，不少人认为他应获得比在凯恩斯阴影下所获得的更大的荣誉。

熊彼特学说体系强调：

- 中期时间范围，而不是在凯恩斯所谓的短期以及古典、新古典或马克思主义所说的长期时间范围；
- 将资本主义发展的周期性而不是短期或长期均衡的概念作为基本假设；
- 鉴于私人部门的行为具有交易特征，因而信息和协调问题源于分散制，而非源于希克斯（Hicks）所谓的

“理论经济学者”或“社会核算凯恩斯主义”；

· 企业家（被熊彼特定义为“进行新组合”的人）间的各种主动或动态竞争（熊彼特所谓的创造性破坏）；

· 自主权、自发性、好奇心、乐于尝试和勇于冒险被视为人类竞争性商业和研究活动的行为要素，与完全竞争概念及其隐含的“环境决定论”形成对比；

· 供给而不是需求，如需求导向型（促进剂）投资或倍增过程。

2. 与短期宏观经济侧重需求相比，这种方法无疑是供给导向的。有效需求被看作是私人供应活动，即自主投资的结果（倍增效应）。在这个框架下，需求不足可以被解释为自主投资条件不利的结果，包括：

· 缺乏技术突破；

· 缺乏投资补充要素；

· 制度约束；

· 缺少企业家；

· 降低利润和利润预期的相对价格扭曲。

3. 最后，需要考虑以下短期内阻碍增长和充分就业的条件：

· 实际利率过高（给定价格水平下，货币相对商品短缺），意味着囤积相对于有形资产投资具有更大吸引力（凯恩斯主义所谓的所有生产部门就业不充分）；

· 过高的实际工资导致传统意义上的劳动力就业不充分，即使实际利率并不过高；

· 消费者和投资者的信心崩溃（信任或流动性陷阱），进而导致协调分散决策的价格机制运行条件崩溃。

4. 这些扭曲现象可能源于：

· 资本市场上预期外的货币供给减少（A）；

· 最低工资法或劳动力市场供给方垄断程度变化，以及劳动力市场上预期外的货币供给减少（B）；

· 随之而来的通货紧缩（C）；

· 结构性变化的积累，例如供给冲击、实际汇率和其他相对价格急剧变化导致的暂时信心崩溃，即家庭和企业的预测方法暂时失灵。

相反，周期性增长和急剧增长的特点是有利于利润和利润预期的相对价格的变化，例如，由于：

· 非预期的货币增长加速导致实际利率下降（利息迟变）；

· 签订工资合同时未预料到的通货膨胀（工资滞后）；或公共产品提供的额外信息减少了不确定性，如事先宣布的可信目标、发展计划和其他期货市场的替代品。①②

5. 虽然熊彼特框架有助于专注时间维度，即专注决定自身发展速度和周期性规律的力量，但该框架在空间维度上留下了空白，即会在什么地方出现发展，为什么国与国、国家内部，以及地区间的发展不均衡的问题。事实表明，

① 当然，源自国外需求或政府需求的外生性增长的数量信号，也可以增强对惯用的预测方法的信心。

② 例如，当市场协调需要公共领导时，可以考虑德国专家委员会在 1967 年经济衰退时期提出的建议。该建议随后由政府当局、商业以及劳工组织在为协调预期和行动而召开的论坛上进行了讨论［“采取协调一致的行动”（Konzertierte Aktion）］。专家委员会为在 1965 年实现价格水平稳定（不会停滞）目标进行了协调［“无停滞的稳定”（Stabilisierung ohne Stagnation）］。由于其中的渐进主义因素，总理艾哈德拒绝了这个建议。尽管专家委员会向他解释说，鉴于存在旧契约，预期通货膨胀率会更高，所以渐进主义不可缺少。当 1966 、1967 年出现经济衰退时，经济事务部部长承认这是一次“希望出现的”经济衰退。专家委员会认为，市场需要支持，而且对高就业均衡的共同预期将有助于它的实现。虽然官方的协调努力失败，但经济增长迅速——通过在汇率贬值的基础上强劲拉动外汇需求实现。协调预期的公共行为的理论基础似乎隐含在哈耶克的书中：“……平衡的概念（仅仅）意味着不同社会成员的预期……在某种意义上必须是正确的，因为每个人的计划都是基于对他人行动的预期，而这些行动正是那些人准备采取的。所有这些计划都是基于同一组外部事实，以至于在某些情况下，任何人都没有理由改变自己的计划……但如果各种计划从一开始就不相容，就会不可避免地导致这样的情况……有些人的计划会令人不安，而整体错综复杂的行动……不会显示出适用于所有行动的特征 .. 可以被理解为单一个人计划的一部分……”而且，“问题是……人们的自发互动是如何同时发生的……鉴于每个人都拥有一定的知识……导致了一种状态……而这种状态可能是在某个人（拥有那些人掌握的所有知识）的指导下形成的。”

将熊彼特框架与偶然预料到边际革命的杜能（Thünen）提出的空间模型相结合，最容易填补这个空白。在通过杜能-熊彼特模型理解战后经济增长特点及其与当前世界经济问题的关联之前，需要先描述一下它的基本要素。

6. 假设在一个均匀的杜能平面，运输成本与距离和重量成比例，中心点由以下两者之一决定：

· 公共产品的供应商，如行使抵押权或执行合同者；

· 一个或两个能够发挥规模经济优势，或者能从生产以及外部经济聚集中获益的私人物品供应商。

区位均衡（在固定环境中）需要分配流动劳动力和资本，使所有运输成本转移到土地和其他不动产资源的所有者身上。因此，土地租金从中心到外缘单调递减，而移动要素的回报在整个平面上均相同。运输相对密集的产品将被中心吸引，因为它能承担更高的土地成本，并用劳动力和资本替代土地。如果人口密度、单位面积土地的国民生产总值，或者一些不动产甚至人均收入都在第三维度来衡量，那么这个系统可被看作一个圆锥体。

7. 鉴于均匀平面和给定的知识，我们只有一组私人物品。贸易理论家将其称为赫克歇尔-俄林（Heckscher-Ohlin）商品，但是这个功劳应该归于杜能。如果引入气候和自然资源禀赋的差异，我们又有了里卡多（Ricardo）商品贸易。它们之所以以里卡多命名，是因为他的理论使得英国能够通过出口湿度密集型布料来换取产自葡萄牙的太阳密集型葡萄酒。但是，如果他预见到阿尔弗雷德·韦伯（Alfred Weber）的工业区位论，就会将原材料订金视为租金来源，并将纽卡斯尔的煤炭视为资源型商品。如果资源租金能使政府有效地保障和平以及合同的执行，或者私营企业在工业化方面取得进展，那么对中心的形成就可能是决定性的。为了解释长期的增长，我们还需要第三种类型的商品，在某种意义上它是一种新的商品，因为它的生产功能仍然是一个秘密，或者对它的偏好尚未显现。这种商品被称为熊彼特式商品（而不是生产周期商品）。作为创新的产物，生产该商品需具备以下条件：人力资本充足，社会氛围和制度安排能够吸引希望获得短期垄断效益的公司和个人——熊彼特所谓的准备投入资源用于研究开发和风险投资。若将熊彼特因素纳入杜能锥体，那么锥体将变成火山。现在，中心－外缘贸易也包括属于熊彼特式商品的“知识熔岩”（技术转移）。当“熔岩”从顶部倾泻，不论这些知识用于什么地方，都会提高全要素生产率；然而，一旦用于竞争，就会丧失中心原来从创新中获得的收益（假设该中心实际上是新知识的生产者，而中心转移到已建立熊彼特式部门的地方，或找到了便利的地方）。因此，为了保住这些收益，中心必须不断生产新知识和熊彼特式商品。鉴于运输费用和劳动力的不可移动性，部分收益会被转移给本地劳动力，以补助熊彼特式企业家和公司。在这些条件下，体力劳动者的工资从中心到外缘甚至都会递减。

8. 世界经济——任何拥有中心的国家或地区的经济——都可被视为一个大的杜能－熊彼特模型。在18、19世纪，伦敦是英国强权下的世界和平的中心，而在20世纪，纽约是美式和平的中心。现在看来，西方世界至少有三个中心：除了美国，还有一个不同的亚洲中心和一个不同的欧洲中心。欧洲的圆锥形收入分布最为明显，假设位于莱茵河口西北和东南方向地区的人均收入取决于距杜塞尔多夫的远近，如图11.1所示。除非我们把斯堪的纳维亚国家的首都和巴黎作为圆锥顶部的一部分并忽略它们之间的区域，那么，东北－西南方向的图像才会变得清晰。

9. 战后，两个新的杜能－熊彼特模型在欧洲和亚洲是如何发展起来的？欧洲能否维持这些接近顶端的国家的收入状况？这些国家有可能在小时总收入方面保持领先于美

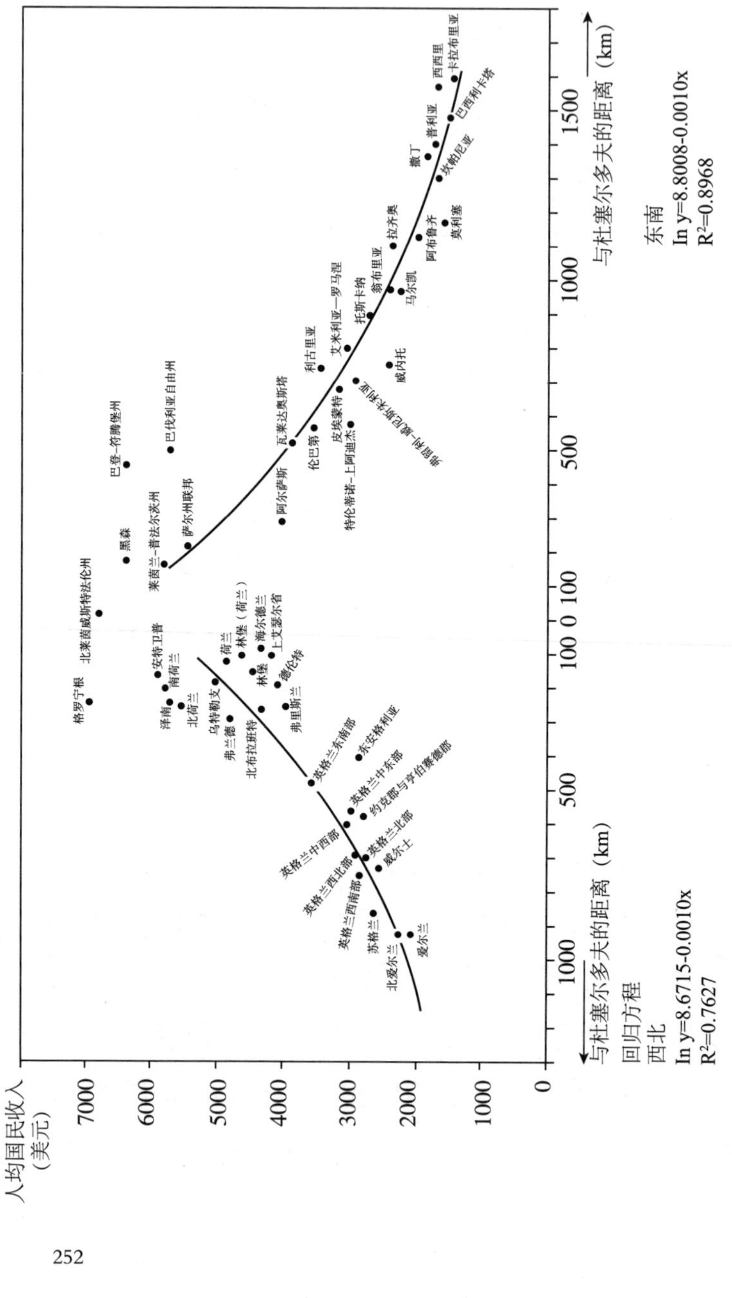

图11.1　欧共体中心：外缘收入差距——从杜塞尔多夫到西北部和东南部的横截面（人均国内生产总值，1974年）

国的态势吗？这样的暂时性超越必然会在中期终止吗？西方三重顶体系中的三边政策协调存在什么问题？这些就是由上述杜能－熊彼特模型导致的问题。

追赶过程

10. 如果提高形成系统底部的平面以上资本的边际效率，或者降低边际单位资本成本的条件出现或被创造出来，锥体自身可能会在中心以外的任何地方发展，从而在图 11.2 中出现了中空。这样的变化可能通过以下三点产生：

- 战争时期损耗的部分旧的资本存量，为新的优质资本腾出了空间，并使其与更完整的人力资本存量相结合（熊彼特的创造性破坏可分解为：首先是被外部力量突然破坏，然后是比一般更快的创造）；
- 体力劳动、人力资本和企业家精神（难民）的强制流入；
- 公共基础设施投资、政府为提高国内人力资本供给所做的努力、阻碍移民的低工资，以及该地区对自主投资和企业家更具吸引力的制度安排。

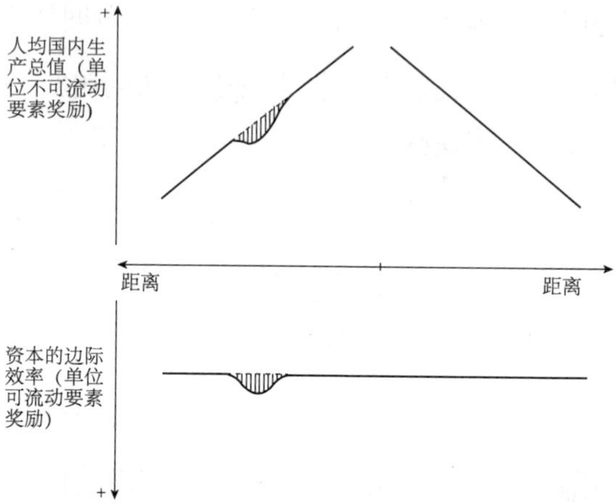

图 11.2　杜能－熊彼特收入圆锥模型：中心－外缘横截面

11. 这部分包括联邦德国战后复苏初期的主要特征。假定工业系数固定不变，当时普遍存在的失业率可称为资本短缺性失业率。至于工资：

· 大致相当于在过于集中的农业中较低的劳动边际产品；

· 可能低于工业雇佣劳动的边际产品——意味着“剥削”；

· 低于周边国家的工资水平阻碍了移民。

为避免国际收支逆差和为允许进口自由化而设定的汇率，导致国际部门（可交易商品部门）的单位劳动力成本在国际中处于低水平，以至资本势必流入并累积国内利润。

因此，低工资和高利润，再加上未开发的人力资本和技能，似乎对实现自由放任的追赶过程至关重要——有时也称之为良性循环。有关生产（重建）和发展道路（效仿）适当结构的信息促进了这一机制的发展。

12. 邻国从这一良性循环中获益匪浅，因为：

· 它们的厂商生产互补商品（需求效应）；

· 为它们的消费者提供了更具吸引力的商品，此外还可能有助于完善劳动激励机制（激励效应）；

· 它们的企业足够强大，能够将竞争挑战转化为取得更大成就的促进因素。

最后两点是供给导向的“火车头理论”的基础，与流行的基于需求倍增效应的“火车头理论”不同。

13. 如果良性循环增长不只是短暂的加速度（杜能圆锥）——重返在世界收入规模排名中的位置，那么显然是得益于国内强大的积极反馈机制，或者国外的“火车头”。

（1）战后欧洲的国外“火车头”肯定是作为需求来源和国内供应商活动“起搏器”的美国。除非国内供应商希望开发需求来源，否则国外需求便无法提供任何帮助。国内供应商可以通过将其产品与现有外部需求混合互补（静态连接），或者将竞争活动集中在那些承诺高收入弹性的需求部分（动态连接）来实现。当国外企业放弃竞争时，国外对国内企业的出口需求自然会上升。被迫放弃某些现有产品有助于将资源转移至发展熊彼特式产品，有利于起搏器国家的经济增长；那么，来自杜能－熊彼特模型中较低部分的竞争压力，就会导致更多的火山爆发。

（2）放弃竞争的可能是邻国的出口商，因为他们未能开展有效连接起搏器国家需求的供应活动。与熊彼特式企业家不同，他们在被动地等待外贸倍增发挥效应。他们之所以失败，或许是因为过度依赖政府需求。在这种情况下，具有竞争力的供应商蜂拥而至的熊彼特式国家将超越其沾沾自喜的邻国：中空部分填满后，一个新的锥体便开始出现在梯度上。

（3）积极反馈机制在追赶经济体中的建立得益于以下几个方面：

· 格言"一事成功百事顺"背后的心理因素。

· 在实践中学习，例如在出口贸易中，通过一套系统的办法越过出口部门的障碍，打开直通最高管理层的通道。

· 重视增长的主张和行为传统，有利于开放市场的初始决策（艾哈德的历史性决定），以及有利于供应商积极参与竞争的制度安排。这种制度安排使供应商在公平与增长（而不是效率）的“两难选择”中不再强调平等。[①]

14. 追赶国家是否会出现贸易顺差？需求偏好的社会核算表明，显然会出现这种情况，因为它是外贸倍增的运行方式。在德国社会核算术语中，贸易顺差被称为“国外贡献”。赞同供给导向的经济学家（和外行人）想知道，外国“贡献”了什么。社会核算给出的答案当然是“总需求”。但是，在必须考虑供给活动和供给瓶颈时，这种解释从中期来看会遭到质疑。当一个国家失去了使国内投资创造的潜在社会生产力远高于国外收益的资源，它真的能够赶上吗？如果追赶国家的供应商在国内和国外市场都能开展强有力的活动，那么答案就显而易见。在进口商品刚刚进入、国内供应瓶颈加速显现之际，这些供应商便开始争夺出口权，通过投资海外销售机构来征服市场。因此，贸易顺差和国内增长有共同的来源：供应商充满活力的活动。我们可将这种情况称为“狂飙突进式”经济。

① 略有不同的是：快速增长被推断出来，因而在考虑罗尔斯（Rawls）型时延长了隐含的时间。事实上，最糟糕的情况是，因没有预测到绝对改善迅速出现并得以持续而感到沮丧。

15. 与供应商活动相关的其他持续贸易顺差[①]情形包括：

· 成熟的经济体，不再为企业家和投资者提供大量具有吸引力的机会，转而向较为贫穷的国家输送资本，在杜能梯度上的位置进一步下降；

· 老龄化的经济体，不再拥有适合活跃人士的社会氛围，致使他们携带着资本资产移居到“处女地”；

· 衰退的经济体，资本和劳动力被迫流出，面临区域经济学家所谓“被动复原”的问题。

在这些情况下，没有理由指责该国实行“以邻为壑”的政策。[②]

16. 现阶段，将贸易顺差与贸易逆差整合到贸易平衡的“假设生命周期”很有吸引力。

一个贫穷但年轻的经济体或许能够培养企业家或从国外吸引企业家，使他们成为动态资本货物的进口商。如果一开始未能带来或者吸引外资，那么作为资本货物的自主

---

① 影响贸易平衡的短期现象。

② 虽然与增长背景不相符，但读者可能希望记住一个国家进口贸易盈余（经常项目）和供应赤字（黄金和包括国际货币在内的金融资产）的经典案例。追赶国家因赚取的外汇储备而不是借贷而感到自豪，并且在制造业获得成功以后，希望在银行业中确立国际地位。这种情况或许并非仅仅出于巧合。对传统和身份受损的战败国而言，外汇储备可能是国歌或国旗等符号或公共物品恰当的替代品。人们可称之为重商主义。

进口商，他们能够做的便是提高外汇价格，从而使国内资源对外国投资者和资本供应者更具吸引力（财富效应）。换句话说：自主进口商—投资者，能够从外部提高资本的边际效率，正如前文第 11 条所描述的外部资本破坏过程一样。

随后便会发生以下情况：

· 贸易顺差经济体进入“狂飙突进式”发展阶段；
· 成熟经济体输出资本；
· 老龄化经济体的贸易顺差减少，人力资本开始流失；
· 食利型经济体，因消耗以前在国外投资获得的资本而出现经常项目赤字；
· 最终出现经济衰退。

17.“假设生命周期”引起了有关贸易政策的一些猜想。我认为最可能出现的情况是：

· 追赶型（或“狂飙突进式”）经济体，在具有竞争力的出口商（任何情况下都会拥护市场开放）的影响下，实施自由贸易政策；
· 食利型经济体推行贸易保护主义，并倾向（执意）将幼稚产业保护理论应用于衰退的工业及生产活动中[①]；

---

① 如果经济出现衰退，会转向自给自足，包括限制出口。

- 贫穷且年轻的经济体一旦发现年轻化可以转化为实力，并且在良性循环中能够转化为对外资的吸引力，便会转向自由贸易和自由兑换。

18. 食利型经济体最关心的可能是（静态）最优关税和最佳商品贸易条件，而年轻的追赶型经济体考虑的则是更长时间范围内的问题。为了提高对外贸易收入，并最终改善外部双重因素贸易条件，人们已做好了牺牲或再投资部分潜在贸易所得的准备。为此，他们将被国外竞争对手指责为“倾销”“无序营销”“干扰市场”。

提高双重因素贸易条件（即通过贸易方式追赶）的目标可以通过以下三个措施实现：

- 优先出口能从世界市场需求（收入水平弹性高）中获益的产品（动态连接）；
- 通过国际贸易专业化拓展经济；
- 吸收所有可以引进和应用的技术来提高效率（过程创新），并获取暂时的垄断收益（产品创新）。

简而言之，食利型经济体采取零和心态，而年轻的追赶型经济体会利用其转型潜力，并从面向未来的活动中获利。

19. 欧洲较发达地区在许多方面赶上美国之后，可能会发现自己正处于一个以供应弹性下降为特征的关键转型期。这个初步判断基于非常有限而随意的观察，而且主要与德国有关——如果不是唯一的话。能够立即想到的是以下几点：

· 对经济增长的成本日益关切，罗马俱乐部在 1972 年发布的报告，以及未考虑这一成本可以在内部消化更加剧了这种忧虑，而知识分子则普遍认为应采取新的紧缩政策；

· 对核电的发展普遍感到焦虑；

· 对微处理器敏感（技术性失业）；

· 明显地抵制结构性变化，因而对租金和额外利润极为关切；

· 在集体谈判中，关注重点从提高报酬转向保障条款、维持收入条款，而且比以往更加强调延长假期和缩短工作日；

· 固定投资比例下降，从 20 世纪 60 年代中期占联邦德国国民生产总值的 26%降至 1974 年以后的不到 21%（现行价格）；

· 国外直接投资净额显著增长。

第一种情况似乎在世界大多数发达国家或地区都存在。它支持着这样一个假设：20 世纪 70 年代中期标志着西方长达30年的加速增长已结束[①]，但其后的几种情况似乎是成功追赶国家所特有的。在没有经济起搏器的情况下，这些国家发现自己在从（相当程度上）模仿性增长模式向（更大程度上）创新性增长模式转变的过程中面对很大的不确定性。

大西洋两岸的平衡问题

20. 转型始于1969年的德国马克币值重估。德国货币对美元的一系列增值说明这不仅仅是货币现象，实际上它体现了超过价格水平变化的差异。由于以成本计价的德国马克的升值幅度更大，其小时工资成本一度高于美国平均水平，导致盈利能力降低。在比荷卢经济联盟也出现了类似情况，而瑞士的情况甚至更为严重（见表11.1）。导致这种情况的部分原因可能只是一些短期现象，包括：

- 德国马克和瑞士法郎取代"供过于求"的美元作为国际货币；
- 在1975年以后的上升周期中，美国经济处于领先地位。

① 熊彼特在1939年预见到一个新的康德拉季耶夫（Kondratieff）式的增长，如果它始于20世纪40年代中期，大概已经持续了将近30年。

表 11.1　1978 年和 1968 年的每小时工资成本

单位：美元

	1978 年		1968 年		1978 年		1968 年
	美元	美元 = 100			美元	美元 = 100	
(1) 比利时	10.59	129.0	45.1	(6) 加拿大	7.53	91.7	77.4
(2) 瑞士	10.29	125.3	64.1	(7) 法国	6.47	78.8	42.4
(3) 联邦德国	9.79	119.2	45.4	(8) 意大利	5.65	68.8	34.0
(4) 荷兰	9.57	116.6	45.7	(9) 日本	5.45	66.4	19.3
(5) 美国	8.21	100.0	100.0	(10) 英国	4.07	49.6	32.1

来源：美国劳工部，劳工统计局。——基尔世界经济研究所

21. 但这里涉及的可能并不是货币和周期现象，而是结构因素：德国马克的实际升值是导致大西洋两岸结构性变化的必要条件①。

一方面，日本和德国战后经济复苏始于适应和克服所谓长期性美元短缺的汇率变化。因此，提高贸易部门赚取美元的能力变得有利可图。所以，供应美元的美国经济，在国际贸易相对疲软的情况下侧重进口便不足为奇。经过 20 年的结构性变化，唯有通过德国马克（和日元）的大幅

① 多恩布什（Dornbusch）等人已经说明了实际汇率变化和货币影响之间的关系，其中布鲁诺（Bruno）将分析扩展到增长问题。早期的阐述来自索尔特（Salter）。

实际升值才能终止这一趋势——允许贸易商品相对国内商品价格下跌，将资源挤出该行业。

另一方面，绝非无关紧要，美国和德国的基础部门生产力发展不同。在德国，贸易商品相对于非贸易品的生产力发展速度比美国快。因此，德国贸易商品的均衡价格相对于国内商品的价格必然下降。只要德国马克的实际价值被低估，数量就有继续增加的空间。德国马克只有相对工资水平或国内商品价格真正升值才能阻止数量扩张，并对德国贸易商品的价格（以美元计价）施加上行压力。当马克真正升值时，联邦德国承受了更大的压力，不得不放弃国际贸易中模仿性更强、劳动更密集但竞争性更弱的生产活动。因为这些活动不再能够为经济增长提供支持。贸易部门的未来在于人力资本密集型活动，而非通过提供人力资本和新知识作为创新条件，为这些活动提供最大支持。

22. 因此，大西洋两岸的平衡似乎（或过去似乎）需要联邦德国扩大国内部门，以减少其对出口的倚重，而美国则必须加强其进口替代和出口行业（策略 A）。但是，如果世界经济问题的诊断结果是第三世界和新兴工业化国家虽存在资本短缺问题，但能够加强其吸收能力，那么，所有富裕国家都应该实现以资本输出为基础的经常账户盈余。在这种情况下，联邦德国（和日本）大概只能实现国内和国际部门之间的平衡，唯有美国会在未来几年内发生重大的结构性变化（策略 B）。要澄清这一点，或许需要进行深入研究并再召开一次首脑会议，将向第三世界国家输出资本列入议程。关键在于，将贸易盈余视为刺激第三世界国家供给活动的资源转移的必要形式。同时，也是讨论制度安排问题以解决阻碍私人资本流动带来政治风险的恰当时机。

23. 在联邦德国以及与其处境类似的国家，目前情况（1978—1979）的特点是投资者缺乏信心，尤其是对与国际经济相关部门（涵盖联邦德国 47%的就业，在 1975 年高于其他任何经合组织国家）的信心。

- 1970—1971 年以及 1973 年之后，联邦德国国际经济部门的增长低于正常增长水平。因此，联邦德国已经开始了结构调整。
- 比较 20 世纪 60 年代中期以来美国和联邦德国税后利润占总销售额的百分比，可以看出结构性因素的明显作用。美国 1973—1976 年（5.1）与 1965—1968 年（5.3）的百分比几乎同样高，而德国的百分比在 1969—1972 年（4.3）降低之后，在这三个时间段内又持续下降了三分之一（1973—1976 年为 1.9，

1965—1968 年为 2.9）。据估计，美国 1976 年的税前比例再次达到 20 世纪 60 年代初的高水平（11），相反联邦德国却下降了（从 7 下降到 5）。

· 几乎覆盖了国际部门的联邦德国制造业利润率 1978 年进一步下降，远低于 1977 年的水平，但在国内部门似乎有所上升，特别是新建工程部门。

· 按不变价格计算，美国制造业固定投资总额 1961—1977 年的平均增长率为 5.2%，而联邦德国仅为 2.2%。导致这种情况的唯一原因是制造业自 1971 年以来表现不佳。

· 国际商会于 1978 年春所做的“经济趋势调查”显示，相比近 70% 的美国同行，不到 30% 的德国商人认为商业氛围良好或令人满意，近 30% 的德国商人认为完全不能令人满意，而只有不到 10% 的美国商人表示不满意。当然，这一结果也反映了美国在 1975 年之后的上升周期中所起的引领作用。

· 或许这种情况并非意外：总部设在联邦德国的企业越来越倾向于到国外投资，而且集中在美国，从而扭转了 20 世纪 60 年代大西洋两岸普遍的投资流向；

· 除了受美元 / 德国马克汇率限制的小时工资率和单位

劳动成本的差异外，关于偏好去美国投资，德国商人还给出了其他理由：美国公众对商业持更加积极的态度，美国有针对商业利润更合理的税收制度，工会不参与决策，也没有解雇工人的制度障碍。

24. 但是这种看法并不合理：在不具备这些促进德国在美国投资的因素（以及其他很多应该提及的因素）的条件下，汇率会一直调整，直至德国国际部门的劳动力成本提高。同样，事实证明德国的工资限制不会提高投资的边际效率，只能导致美元与德国马克之间的汇率进一步下降。

然而可以从中看出，即使在国际部门，与提高生产力相关的工资限制或促进在德国投资的其他任何发展，都不会被汇率调整完全抵消，如果德国进一步调整策略 A 下生产结构中的出口偏好，那么可以预期，国内部门将是促进经济增长更为重要的因素，因而国内部门也必须加快发展。换句话说：如果国内部门的内部贸易条件无法改善（相对于国际部门），策略 A 只能通过德国经济增长放缓来发挥作用，即通过向美国投资。但采取这个措施，德国的国际部门和国内部门都要付出代价。在策略 B 的框架下，美国将集中力量加强进口替代以及强化出口部门，从而使美元能够达到帮助德国国际和国内部门成比例增长的水平。

促进增长和就业的政策

25. 刺激联邦德国及其欧洲盟友经济增长的关键是投资。其中一种形式是公共投资，这也是柏林研究所（德国经济研究所，DIW）追求的一种方法——建立在由克雷勒（Krelle）在波恩为德国设计的计量经济学模型（波恩模型）的基础之上。与此相关的一个提案预示着，政府投资将大幅增加（1980—1985 年约为 1 000 亿德国马克），伴随着由政府推动的更多私人投资（约 300 亿德国马克），将提高以下年均增长率，如表 11.2。

表 11.2　私人投资增加所带动的年均增长率

类别	年均增长率变化情况
实际国民生产总值	从 2.5% 增长至 3.4%
劳动生产率	从 4.3% 增长至 4.4%
名义工资	从 7.5% 增长至 8.0%
价格（国民生产总值平减指数）	从 3.5% 增长至 3.7%
税收	从 6.5% 增长至 8.0%
公共开支	从 6.0% 增长至 7.0%
进口	从 6.0% 增长至 7.0%

假设出口不受影响，预计贸易盈余会下降。模型拟合也表明政府赤字将减少。

26. 柏林计划和波恩模型提出的关键问题涉及供给侧，特别是国内资源的供给弹性，尤其是劳动力和资本存量。波恩模型中所含的关于德国经济及其内部机制的信息显然与 20 世纪 60 年代出现的情况相关：

· 币值被低估；
· 经济能够在劳动力几乎无限供应（外来务工者）的条件下增长；
· 单位劳动力成本相对于其他大多数国家过低，导致企业可以不考虑竞争状况就填补现有职位岗位并创造新的就业机会；
· 低廉单位劳动力成本吸引了国外直接投资和先进技术；
· 劳动力需求过剩导致企业寻求出路，并要求制定积极的劳动力市场政策，从而使国内劳动力的求职性失业率和摩擦性失业率降低至无关紧要的水平；
· 众多迹象表明存在或正在出现灰色的免税经济；
· 来自低工资国家的竞争压力尚未发展到需要进行结构调整的程度。

27. 至少从 20 世纪 70 年代下半叶开始，联邦德国（及其一些邻国）不再拥有追赶型经济的优势。因此有理由担心，一个不考虑投资能力和生产效率的需求扩张计划会使其产出远低于模型预测，而价格又会比预测高得多。即使没有这样的计划，在劳动力市场出现短缺迹象和美元跌势反转之后，通货膨胀在当前阶段（1979 年 5 月）已经开始加剧。需求扩张计划并不需要以公共产品的名义来支持市场机制，因为这里的问题是在面临结构性变化时，中期竞争力的不确定性。经济中的薄弱环节是工业和企业，其中包括一些大型企业。这些企业正在面临源于世界其他技术更先进地区的创新性竞争，包括日本以及来自低工资国家的标准化商品的进口竞争。在这种情况下，经济政策有刺激增长和促进就业两种截然不同的选择：

· 通过限制实际工资上涨和降低双重因素贸易条件，来降低相对于其他国家的单位劳动力成本（方案 1）；
· 通过重振经济和增加高生产性就业的供给，来加快全要素生产率的上升（方案 2）。

在介绍两者之间的中间选择之前，首先对这两个方案进行描述和评估。

28. 方案 1 类似于美国在 1971 年之后选择的方式，也与英国在 20 世纪 30 年代为弥补“丘吉尔经济后果”实施的措施相似。这两个国家当时的特征都是币值高估，进而高估了国内单位劳动力成本，结果导致对利润率和利润的预期偏低。20 世纪 60 年代末美国的情况可以与 20 世纪 70 年代联邦德国和欧洲相关国家相比。在这两种情况下，国际部门增长缓慢，同时伴随着投资外流。

29. 方案 1 的基本问题是未考虑方案 2 的要素，以及在联邦德国单独实行明确的实际工资限制政策是否可取甚至可行。如果政策仅限于操纵价格水平，那么答案很可能是“否”，原因如下：

- 1972—1974 年，美国通货膨胀加速，导致实际工资增长率（与居民消费价格指数相关的小时收入）从 1971 年的 2.8%降至平均每年接近零（如果包括 1975 年则低于零）。然而，在给定人口通货膨胀敏感度和年度全国工资水平的情况下，联邦德国的通货膨胀很少有机会——如果有的话，导致实际工资的增长降至可分配生产率（根据贸易条件变化修正的每工时产出）的增长之下超过 1 年。与 20 世纪 60 年代相比，联邦德国长期工资滞后的前景恶化。1967 年后出现的大扩张，在长期工资合同的推动下，以 1969 年秋天爆发的未经工会正式同意的罢工告终。

· 美元贬值被认为在美国引发了积极的就业效应。而在德国，考虑到在这个较小经济体中国际部门的规模相对较大，马克的贬值已经或将会对通货膨胀产生更大影响，但对就业影响甚微。

· 鉴于大部分人仍然对 1948 年以前的抑制性通货膨胀记忆犹新，通过伪通货膨胀（从道德劝告到价格控制）降低实际工资并不能保证成功。当人们发现在伪通货膨胀下商品质量下降，很快就会对价格指数失去信心。

30. 近年来，联邦德国发现采取接近方案 2 的政策更恰当，尽管自 1975 年经济衰退以来，这个问题一直处于不断的争论之中。方案 2 的理想框架如下所述。

（1）对解决政策分配问题存在默认的共识：

· 在不导致通货紧缩的情况下（防止凯恩斯式失业）保持价格水平稳定是货币政策的责任；

· 消除凯恩斯式不充分就业是货币政策、财政政策和工资政策协调实施的责任；

· 预防和消除古典失业（相对集中的）是工会的责任——由掌握恰当收入政策信息的专家提供帮助；

· 降低求职性失业和摩擦性失业是积极劳动力市场政策

的责任；

· 潜在产出和全要素生产力的充分增长是商业界和掌控制度框架（规则政治）、影响激励机制（盈利和产业政策）决定权的政府机构的责任。

（2）政府和央行政策的高可预见性（预告）。

（3）相互竞争的独立研究机构应提供关于结构性变化趋势的信息，为减少不确定性做出额外努力。

当然，做的远比想得少。不仅默认“共识”是这样，正确判断具体的政府失职和市场失灵、政府承诺的可信性、结构研究的质量及其信息内容的情况也是如此。

31. 自 1974 年以来，德国（以及其他国家）的基本问题就是失业问题的本质。方案 2 政策的拥护者认为有以下几个方面。

· 德国制造业的就业率自 1970 年以来持续下降（于 1977 几乎达到 12%）是已经预测到的长期结构性变化的先兆。

· 1974 年以来基本失业率的升高，部分被视为古典失业。它是以在通胀放缓阶段实际小时工资成本的上升超过相应劳动生产率的上升为条件的。

· 在当前上升周期（1979 年）起主要作用的核心失业

率，反映了岗位缺口[①]，这是由于：工资引起的岗位废弃（资本消耗）；来自不发达国家强有力的进口竞争[②]；投资表现不佳和节省劳动力的创新——尤其是在国际部门，导致就业机会不足；妇女参与率提高。

32. 在未来，岗位缺口问题的解决自然取决于政府部门以外的国内投资的预期增长率，以及新资本存量中纳入的就业机会的预期资本密度。1985 年，岗位缺口估计在当前劳动人口的 2.25%至 4.5%之间。 在没有形成能够弥补缺口的额外资本的情况下，根据潜在因素可以假设经济会出现下述情况：

· 在符合“合理”预期的实际工资水平下，将无法为实现“合理”充分就业提供足够的岗位。

· 陷入滞胀的恶性循环；令人失望的工资和就业预期；工资拉动型通货膨胀；未经工会正式同意的罢工或有组织的行动——反对从低工资国家进口、节省劳动力

① 无论上升如何强劲，都不可能使经济以类似于 1974 年以前盛行的形式迅速恢复充分就业。因为在结构性变化过程中，大部分资本存量被重新估值，物理能力方面的潜在国内生产总值要低于现行实际工资水平方面的潜在国内生产总值。从这个意义上说，联邦德国经济面临的岗位缺口是与其实际资本形成不足相对应的。

② 1974 年和 1975 年，不发达国家在衰退期间首次增加了德国市场份额。不发达国家和新兴工业化国家供应商竞争压力的加剧影响了整个行业的主要部分，如钢铁、纺织、造船和金属制造业。因为这些行业都集中在以前的繁荣地区，所以也会影响到这些地区的未来经济发展。

的创新，以及就业分配不公平的劳动力市场；对市场体系的普遍敌意。

另一方面，新投资的大幅增长可能会巩固或改善德国经济的竞争地位，使其接近世界三大经济体系增长引擎之一的欧洲收入圆锥的顶部。因此，德国也将大力支持从不发达国家进口货物。

33. 相对于第25条所描述的柏林提案，与方案2一致的就业创造计划旨在：

· 为满足新产品而非传统产品的需求提供就业机会；
· 鼓励在私人和潜在的国际部门就业，而不是在政府或通过政府就业；
· 加强私人企业而非公共行政部门的增长引擎。

34. 包括州政府在内的德国政府已经（或正在考虑）在这方面采取了一些措施，包括：

· 采取扩大加速贬值范围的税收措施（无偿投资贷款加上政府分担失败风险）；
· 从直接税转向间接税；
· 政府为制造业研究和开发提供更多支持；
· 政府贷款支持创建新公司（由联邦政府审议）；
· 政府为小企业咨询提供支持；

· 区域政策框架下的投资贷款、补贴和公共基础设施投资。

然而，正如每个重要步骤都会遇到激烈的政治抵制，出于收入分配考虑，这方面在近期不会有重大发展。

35. 如果满足以下条件，欧洲货币体系可能会对联邦德国经济实际增长提供变相支持：

· 与 20 世纪 60 年代一样，德国工会被要求承担维持价格稳定的主要责任，因而造成（并非有意）马克相对于其他欧洲货币体系货币被低估；
· 欧洲货币体系内部的汇率调整延迟，导致德国单位劳动力成本在大部分时间内被人为地降低，因而使德国所处的位置对国内和国外投资者再次具有吸引力（如 20 世纪 60 年代）。

相对于美元，受欧洲货币体系控制的马克的吸引力降低，因此德国的单位劳动成本与美国相比并不高。

因此，欧洲可能会让德国工会在其货币体系中发挥规范作用，并在中期内通过补充性投资，以及在更高实际工资水平下提供更多充分就业机会进行鼓励。当然相反的情况可能是，在欧洲杜能－熊彼特模型的更边缘地区出现投资较少、失业率上升。一旦出现这种情况，那么指责德国采取“以邻为壑”的政策就是必然的。

第十二章
运用系统的调控政策保障社会市场经济①

作者：沃夫冈·施蒂策尔

① Stützel, Wolfgang. 1978. "Sicherung der Sozialen Marktwirtschaft durch eine konsequente Ordnungspolitik." In Ludwig Erhard Stiftung, eds., *Fundamentalkorrektur statt Symptomtherapie: Von der Zukunft der Sozialen Marktwirtschaft*. Bonn Aktuell: Stuttgart, pp. 19–38.

两种经济手段：治标还是治本

广义而言，当经济中出现不利变化而不得不采取措施时，决策者通常有两种截然不同的选择。

我们以联邦德国曾经实行的全阶段周转税（对生产和销售的所有环节征税）为第一个例子。事实上，这种税会导致不利后果。只要各生产环节的参与者是不同的企业，而这些企业又是独立的法人，那么最终产品便会累计上缴相当大比例的全阶段周转税。相反，如果一个企业家能将数个生产环节合并在一起由一家企业掌控，他在税收方面就能占据可观的优势。换句话说，当时的法律允许利润存在差异，因而鼓励了商业企业之间不利的垂直集中。

在很长一段时间内，立法者和管理者都采取了第一种选择：针对最明显的症状。比如，将纺织厂视为由两级企业构成，而特别税率被视为特殊条款。然而，缴税负担依然存在不合理的差异——取决于垂直集中的类型。显然，这一措施代表的是一种短视、临时性的解决方案。

继续柯特·贝克尔（Curt Becker）已经完成的前期工作，联邦宪法法院要求立法者更深入地了解形势，而政府则被要求彻底解决消除收益差异化问题。因此，用现行的增值税取代了全阶段周转税。这似乎是对现行制度审慎但根本性的修正和完善。

一些经济学家更倾向用其他术语来描述这种情况，例如“临时性措施与真正的调控措施的对抗”。还有人称其为“酌情干预”，并将之与对私人企业实施的约束相比较。笔者更倾向将其称为“治标的临时性措施与治本的系统性措施的对抗”。

在任何情况下，这种区分对分析广泛的经济问题都至关重要，因此有必要进一步举例说明。

我们再举第二个例子。20 世纪 60 年代上半叶，联邦德国的各级政府都持有大量现金。根据联邦监管局当时的规定，银行只能向客户支付少量的存款利息。结果导致银行在政府机构门前排起了长队，因为它们希望第一个享受这一大笔廉价资金带来的福利——之所以称为廉价，是因为对最高利率有限制。简而言之，银行蜂拥而至是为了抢占先机。对波恩的政府官员来说，这就意味着需要进行干预，并制定详细规则以便公平分配这笔公共储蓄。很明显，这个措施属于第一种选择，即对症下药。于是，政府官员着手在现行法律中补充大量新条款。笔者当时也受德国政府委派参与了对新条款草案的评估。我对这个问题的答案始终是废除控制利率水平的规定，问题便会迎刃而解！

1967 年，对利率的控制终于解除。自此之后，再没有人讨论如何在多家银行间公平分配公共储蓄这一经济问题了。自由市场上的获利顺序是“利息高者得”原则决定的，因而政府制定的分配模式就是完全多余的。显然，解除对利率的控制属于第二种选择，即审慎但根本性地修正监管制度，而非采取临时措施。想要保留对利率水平的控制，就需要制定大量法律条款以建立能够公平分配公共储蓄的体系，那将是一场噩梦。

第三个例子：传统的资产负债表法。根据这项法律，大量款项、债权和债务需要按时记录到资产负债表中。但另一方面，很多重要的事项却无须正式记录在册，例如购买合同、租赁协议和雇佣合同。只有涉及任何一方的预付款需要记入财务会计表和资产负债表。几个世纪以来，交易双方未履行合约下的债权和债务都未纳入公司的财务记录。

政府当然拥有巨大的资产负债表数据库——现今的规模更大，因为需要用它计算出从交易资本税到银行最低准备金的庞大数据。然而，精明的商人自然会想到充分利用这一状况。如果同一目标可以通过不同的方式实现，也就是说，通过某种方法使一些项目无须记入资产负债表，那么商人便会毫不犹豫地选择这种方式。

再以银行为例来进一步说明。与吸收存款相反，银行可以向客户兜售一种有价证券，并随即表示愿以约定价格回购。这就是所谓的“养老金交易”。此操作的主要后果是：作为“储蓄”的债务必须列入资产负债表，而银行必须将这笔钱还给储户；但银行“以有价证券购买价格支付”的名义将钱还给储户，则无须列入资产负债表。

政府在应对这种情况时，采用了第一种选择。联邦银行制定了冗长的特殊条款，使在银监局掌控下发生的“养老金交易”与普通储蓄享受同等待遇。

还可以举一个工业企业逃避规则约束的例子：企业不通过设备购置长期贷款来购买所需的机器，而是通过租赁契约来租借设备。贷款债务必须列入资产负债表，但租赁交易却无须列入。

为解决这个问题，政府再次采用了临时性措施。与此同时，在税法中补充了大量条款，以阻止通过租赁方式规避交易资本税。

与簿记相关的法律规定，我们可以引用赫斯塔特（Herstatt）银行的例子。早年间，人们通常用汇票来进行远期货币交易——典型的外汇掉期交易。交易双方都必须在资产负债表的一侧记入应付票据，并在另一侧以另一种货币记入应收票据，因此交易风险会清晰地反映在资产负债表中。但是，商人们也找到了规避这个既定程序的办法。现如今，参与这种投机活动的人都会以单笔购买远期外汇的方式进行交易，因而交易无须列入资产负债表。结果，在赫斯塔特银行丑闻中，远期交易累积达数十亿马克之巨，却没有被记录在资产负债表中——包括联邦银行在内的所有其他银行都有类似的情况。但这种交易只有极少数人知道。针对这个问题，政府同样决定采取行动，尽管此时已是亡羊补牢。政府采取的措施依然是制定大量的严厉法规。

我个人认为，早就应当采取根本性措施来打破由于颁布了诸多必要法令而造成的困局。此外，所有通过上述类型合同约定的债权债务都必须计入资产负债表。

这一措施应当是为建立有序关系迈出的一步，而这正是我们在商业活动中真正需要的。仅仅是公司必须在资产负债表中记录所有未履行合约中的债权债务这一法律原则，就能够使临时制度中的大量法规变得毫无必要。

根据双方未履行合同界定所有债权债务的法律义务，为工资问题最近发生的变化——即承诺在合理化改革中保护雇员的协议——提供了非常有趣的借鉴。现行工作合同中的债务，必须根据预计合同最早终止日期，将工资费用总额的贴现价值以债务的形式记入资产负债表。这类事项是可以估算的，正如同审计师或税务稽查员有时会对类似事项进行评估一样。资产由该工作合同下约定服务的贴现价值构成，而评估这些资产是否能抵销债务的价值，则是审计员的事。

这个旨在记录双方未履行合同的根本性变化，意味着保障雇员获得更多收入的附加条款带来的所有细微变化，都会清晰地体现在资产负债表中。每个延期通知也都会以未支付额增加的形式体现在资产负债表中。如此，上述协议给有关企业带来的额外负担和生存风险便立即一目了然。

赫斯塔特银行丑闻是对我们所有人的警示。政府必须采取行动，通过实现簿记的透明化来消除风险，并防患于未然。它能够很好地说明我们所谓的：采取系统、审慎的政策来调控经济。

社会市场经济的要求

迄今为止，大部分读者看到“调控政策”时，都会将它与其他话题联系在一起，因而看到我在这里提及一定会感到惊讶。他们会把“调控政策”理解为：“通过价格自由波动还是政府手段来调控生产”，抑或是通过“竞争政策”“保护消费者政策”来调控生产的问题。我刻意从表面看似与整个主题不甚相关的部分——营业税法、银行法和簿记法谈起。

1. 对审慎的调控政策的需要

这是我要讨论的第一个问题。从簿记法到资本形成政策和环境保护政策，再到区域政策，需要记住的重要事项包括：要使经济制度保持透明并可控，就必须抛弃所有短视和临时性的、只用来解决表面问题的政策，而对整个制度进行审慎但根本性的修正。

我们现在来讨论所有调控政策的两个中心议题：如何调控生产？如何对产品进行分配？在这里，我们同样面临这样的选择：只是对症下药，还是谨慎地采取根本性措施来彻底改善？

战后德国经济史以其相对的发展速度和精度——系统而全面地完善了对生产的指导——而著称。然而，分配制度方面的情况并非如此。分配制度的某些方面确实已得到改善，例如：通过将养老金与领薪员工创造的产量增长挂钩，保护养老金领取者免受通货膨胀的影响。但是，鉴于大量治标不治本的临时性政策充斥着社会福利部门，这些举措就变得毫无意义。

不同之处源于市场经济的根本概念及其对调控生产过程产生的影响。市场经济的信徒对应采取何种调控手段并无疑虑：保护最终消费者、让市场力量与价格自由地相互作用。

2. 价格体系之外的社会修正

但是，社会市场经济究竟与“社会”有什么关系？长久以来，这一计划中都存在着固有缺陷或者“亏空”。

在经济奇迹首次出现期间，这个问题被忽略了，因为当时人们沉醉在国家取得的物质成就之中。在随后开始的大力改革和进行长远规划时期，这个问题依旧被忽略。唯有今天，当我们担心如何保障已经很高的生活水平，以及当各种忧虑迫使我们冷静地回顾经济繁荣时期的积累之时，这个缺陷才日益显著。在下文，我们将勾勒出这个缺陷的轮廓。

即便是在社会市场经济已经运行了30年的1978年，那些致力于解决社会问题的人依旧不完全知晓在自由经济体系下应当采取什么措施，才能保证实现满足社会需求的目标。

在这个体系中，“市场经济”部分很明确而且易于操作，但“社会”部分却未被充分阐明。现在正是我们该为此做些事情的时候。

毫无疑问，现在每个人都应该了解，如何将实现社会平衡所必须采取的特殊措施全面而准确地融入市场经济之中。“自救者，人恒救之”或“私人企业多多益善，国家干预尽可能避免”的简单处方并不是能使我们真正满意的答案。我们需更准确地选择恰当的方法。

正如我已经指出的，社会市场经济这一概念仍然存在大量模糊之处，而且反映在了实际运行之中。

我们经济中旨在促进和谐社会市场体系的唯一重大改革，已经在组织生产中推行。然而在社会福利领域，人们对应采取何种恰当措施及其可能产生影响的认识还很模糊。

这些措施包括：针对贫困群体制定特殊价格，一方面削减价格，另一方面收取额外费用；（在医院、养老院、游泳池、公共住房以及开发区工业选址）对生产者和公共机构（满足社会的迫切需要）进行高额直接补贴，而不考虑这笔支出能否产生预期的社会效果。此外，将税收收入和其他税费以各种各样的名义——如“补贴”或其他名目——支付给贫困群体。换句话说，在结构完善的机制中，实现有目的的财政调控和收入再分配。

3. 缺乏透明度的状况令人震惊

简而言之，一方面普遍实施特殊价格政策，另一方面又对生产者进行补贴，再加上各种各样的财政调控措施，使经济体系的复杂性达到了令人震惊的程度。

那么，这些政策会产生什么影响？长期以来，自由市场经济都被视为一种鼓励企业家的制度。这些企业家最了解消费者的需求，能够最经济地组织企业，并且掌控着未来最美好的发展前景。而市场经济也被视为一种鼓励劳动者和员工的制度——最能适应当代新技术变革。

与此同时，这些五花八门、极为复杂的社会措施，又激励了那些费尽心机在名目繁多、目标甚高的法律条文中寻求出路（灵活利用）的人。因此危险就在于，获得最高奖励的并不是那些最勤勉的开创者，而是一群最有心机、毫无正义感的投机分子。

这种情形类似于以上提及的相对而言危害不大、无效的全阶段周转税。事实上，我从这个例子开始谈起，是因为它便于理解。全阶段周转税最终走向成熟，取代了那些繁杂的法律条款，并且为更契合现行经济制度的增值税让路。然而此时，特殊措施的数量已成倍增加，再次改革的时机似乎已经到来。无论如何，增值税毫无疑问要优于全阶段周转税。指责增值税会导致工业集中的声音已经消失了。

有鉴于此，我们需要考虑何种政策与现行制度最为相符。答案显然是，结束狡猾的投机者与行动迟缓的法律补充条款制定者之间的赛跑。现在确实到了对现行制度大刀阔斧地进行彻底重组和改善的时候。

我们所要做的，是将阿尔弗雷德·米勒－阿尔玛克早在 1947 年就已阐明的理念运用到实践中。因此，我要讨论的第二个问题是：我们需要明确区分价格与通过财政调节进行的收入再分配的功能。

在这一框架下，价格的唯一作用是指导生产过程。只有让价格发挥作用，才能确保根据消费者的日常消费习惯进行生产，并使他们的支出（血汗钱）与实际需求相符。

然而，通过社会对生产环节所得收入的分配进行必要的调节，只能表现为货币的直接转移——如果可能的话，也就是说公开转移。社会调节不应通过价格制度，而应通过社会各部门之间的财政协调。只有这样，才能确证再分配措施的可预见性和政治上的公平性。只有这样，除了享有负责任的公民自行决定收入支出的自由之外，制度中的受益者（病患、老人以及其他弱势群体）才能获得更高的收入。只有这样，社会中的弱势群体才能真正强化他们对生产结构的投票权。也只有这样，弱势群体才有可能经济、顺利地满足其包括医疗服务和养老保障在内的诸多需求。

4. 善意社会措施事与愿违的效果

接下来讨论第三个问题：每当政治家试图通过不受限制的“分配”促进社会福利，或通过干预价格结构和补贴生产者直接资助贫困者，却经常反过来对受益者不利。善意的措施事实上会产生事与愿违的效果。

现在几乎所有人都明白，对消费者有利的特定商品价格冻结措施，至今仍迫使供应商采取一种替代手段，即在法律允许范围内尽可能地利用自身资源，因而导致了资源匮乏并使消费者的处境恶化。

每当受到限制而不得不节约劳动力之时，出于同样的考虑，雇主就会根据社会属性对工资进行分级。例如实施根据家庭状况和家庭抚养孩子数量的分级制度。尽管尚未达到这个地步，但这种情况很可能出现。事实证明，不管在哪里，只要雇主不得不采取节约措施，那么与没有孩子的家庭相比，人口多的家庭必然处于劣势，即便是在南斯拉夫。这样的差别亦可能出现在相互竞争的生产合作者之间。这同样是一种事与愿违的结果。

事实上，导致此种后果的社会措施在战后时期屡见不鲜。

在和平年代初的住房紧缺时期，政府相信帮助租户以及无家可归者的最佳办法就是将房租冻结在一个较低水平。典型的治标不治本！在供不应求的情况下，争得最佳位置住房和地产的，仍然是那些能够立即支付更高价格的人。当然，这里指的是那些购买商用房产的人。由于引进了自由定价机制，食物、服装和汽车供应在1950年之后不再短缺，但住房短缺的情况却日益严重。

于是，有人想到为建筑商而不是为贫困租户提供补贴——先干预价格再补贴生产者，与此同时强迫建筑商不依据市场需求制定租金价格。这也不过是针对症状开出的临时“药方”。这一措施导致的结果，一方面是大量的“恶性补贴”，另一方面是众多的公寓无法满足消费者的真正需求。这个措施违反了我前文提及的主要原则，即从功能上彻底将市场价格与在各群体之间进行的财政调节区分开来。

我在其他部分已经列举了包括环境保护、通勤交通、资产形成政策等领域的例子，现将整个讨论总结如下。

战后德国偏离轨道的发展史，是一部严重违反真正社会市场经济基本原则的历史。事实上，所有这些导致不良后果的变化，都源于坚信经济体系社会层面的发展可以通过临时性的价格干预或者对生产者的补贴，而不是通过在社会各群体之间进行恰当而直接的财政调节这样的根本性修正措施来实现。

5. 劳动力市场的错误发展趋势

今天，我们持续面临着失业问题。在战后经济遇到的所有问题中，这是最令人困扰的问题。相应地，在争论可行的解决方案时，尤其重要的是认识到哪种措施应当排在首位——是针对症状开出临时药方，还是对制度进行谨慎而彻底的调整和完善。

我首先详细地判断一下形势。我可能会重复一些之前提到的观点，即便如此，有些事情反复重申也不为过。

毕竟，除了在联邦德国有 100 万人口失业之外，还有更多紧急情况：失业人口结构与 1931 年几乎没有相似之处。20 世纪 30 年代初，无专业技术的工人很少失业，因为他们可以找到类似于清洁工这样的工作，但很多专业技术工人却找不到工作。进一步说，今天只有100万失业人口，而当时的失业人口达600万之巨。与今天的情况非常不同的是，20世纪30年代初并不缺少专业技术工人。

现在我要做出判断。不管会招致何种批评，我都会坚持自己的判断。我仍然认为，目前的失业水平及其所有特征——原因、规模、持续时间和内在结构——都是以下将会提及的五个因素相互作用的必然结果，因而并不难预见。我对这一点确信无疑。我还记得1973年参加一次专家讨论会时的情景。尽管当时仅仅出现了一些征兆，但我坚决地指出，如果不出现变化，那么失业问题必定会出现。我写下这个判断的时间是1978年，现在我们大可将我的预测与5年之后的事实相比较。

6. 雇佣成本与收益

讨论第一个因素，我们需要回顾1973—1974年时的情况，当时总需求的增长率大幅下滑。与这个发展趋势相一致，企业利润——资本服务费、税费和劳动力成本都要从这里扣除——也仅仅小幅增长。但是，雇用员工的年运营成本却上升到了高得不成比例的地步。我指的不是小时总工资或净工资，而是每年用于员工的运营成本。导致开支大幅上涨的原因，是政府实施的薪酬政策，以及强制雇主提供附加福利——不论是有形还是无形（例如给员工放假去参加职工代表大会）——的政策。

这就解释了在过去的4年里，在年雇用成本高昂的情况下，公共和私人企业的总收入与用工总需求为什么会不相匹配。年员工运营成本的增长比总需求的增长速度要快得多——意在促进社会发展，结果却对社会造成了伤害。

7. 劳动力与资本成本

第二个因素如下。无论是与总需求，还是与以资本替代劳动力的成本相比，工资过高及其与市场不相容的情况已经持续了一段时间。结果，对很多企业来说，雇用人力太过昂贵。在生存线上挣扎的企业已无法承受更加昂贵、更加劳动密集型的生产方式，因为如此下去它们就会因产品价格过高无人问津而被迫解雇所有员工。从这个角度看，目前的失业规模正是过分使用价格手段与他人竞争的必然结果。

希望读者能够准确地理解我的用词。我是指与资本成本相比,工资成本的增长达到了夸张的程度。我并非以轻率、不负责任的态度自以为是地说与外国的工资水平相比，我们的工资增长过高。事实上，我的判断十分谨慎，因为下面的情况极有可能出现。如果全世界都认为联邦德国的工会纪律严明、工人对工资的要求最低（外汇市场对未来形势的预测比其他市场更为准确），那么工会在弹性汇率制下遵守纪律的行为，很可能会以德国马克大幅升值为代价而被过分补偿，从而导致竞争力降低。所有的这一切都是因为我们的工会遵守纪律！

相反的情况也很明确。假如我们开始推行对工资不加限制的政策，大幅提高工资水平——在目前的工资协商中显然没有出现这种情况，或者我们参考有类似情况的其他国家的做法——很可能使该国会重新变得具有竞争力，因为随后的汇率贬值速度要快于工资的增长速度。

特意加上这一点，是为了表明我并不赞成以国内外成本对比来支持这一论点（因而毫无疑问会加剧失业问题）。但是有一个因素我必然会提到，而且也是我的第二个主要论点，即劳动力成本和资本成本的比例。

有关这个问题，需要牢记这几点：尽管在合理化计划框架下有机会采取其他经济措施，但贸易和工业的某些部门就薪酬问题达成了旨在保障工资水平的集体协议。如果这些协议受到拥护并得以推广，那么就会导致第二种事与愿违的后果。政治家和记者都没有注意到这一点确实令我十分惊讶。

试想这种协议一旦普及开来会产生什么后果！国内和

国外的企业家都会跑到不用承担全部保障负担（前文提及）的地方建设新厂。这些新企业会购买最先进的机器。让我们以印刷厂为例。它将雇用员工来操作最新的机器。这些新的竞争者将使那些背负沉重保障负担的老企业失去销售机会。其结果是，通过协商实施保障性措施的呼声，转而变成了要求德国老企业破产的呼声。

市场会对这种情形做出快速反应。在座的各位中，有不少我几十年前在联邦经济部的走廊里经常碰到的人。我斗胆问一句，你们是否都在旧时的英美两国占领区经济委员会工作过？站在这里，我不禁回想起那个年代。还记得当时我们不得不对进口葡萄酒实行配额制度。一位官员决定给每位葡萄酒进口商 1 000 升的配额，希望以此一劳永逸地解决问题。但结果是惊人的。在 8 周之内，葡萄酒进口商的注册人数量增长了 10 倍！

事态可能不会像实行保障性措施之后发展得那么快，但道理类似。如果企业家开始建立新企业以规避这些问题，我确信政府会出台大量新法规来应对这些变化。在这种情况下，回顾我们在应对企业规避共同管理法约束的行为时获得的经验，就非常有趣。我们已就工资成本和资本成本之间的关系进行了足够的讨论！

1972 年，德国工人的实际工资已达到世界最高水平，而“失业”变成了一件闻所未闻的事。那时，通过取消与市场情况不相符的过高工资，所有劳动者和失业者（尤其是失业者）的待遇都得到了改善。

让我们对第二个因素进行总结。单位生产的工资成本相较于资本替代成本增长得更迅速。最善意的意图，却再次产生社会恶果。

8. 为社会福利提供经济支持

第三个因素是：将所有社会福利措施的成本强加给雇用社会弱势群体的企业，而不是从财政拨款或税收收入中支出。

在座的议员们肯定记得，是否持续给休病假的职工支付工资曾引起争议：这个问题是通过保险条款还是劳动法最终解决？前者更符合我们的根本原则，因为可以将其纳入对社会群体进行的财政调节措施中，而这正是米勒－阿尔玛克所谓一切社会政策的基础。相反，基于劳动法采取的措施会严重干扰要素价格竞争。那么，最终决定是什么？是向后者靠拢。这意味着，那些雇用了对工作有特殊需要的人的企业的成本大幅上升（与企业对整体产出所做贡献相比），从而完全违背了市场原则。

我们以学徒为例。举这个例子，不只是因为学徒的报酬率较高，还因为根据新规定为接受培训者支付工资造成了资金紧张。这些未获得小学毕业证的学徒是该政策的主要目标群体，因为政府认为他们需要特殊补贴以改善生活。

新政策涉及的其他群体是寻找兼职的人、有健康问题的人以及老人和妇女。

这种情况不同于 1931 年，当时社会上的弱势群体被挤出劳动市场，之后一直处于失业状态。接下来我们讨论第三个因素：雇用社会弱势群体的运营成本要远高于雇用身强力壮者。这里需要重申的是：出发点虽好，但是社会效果却并不理想。

9. 阻止解雇

第四个因素是：加强保障的措施现在被用于阻止解雇。政府使企业解雇员工变得困难，在提高雇用新员工风险的同时，增加了雇用新员工的成本。

我们再次面对的情况是基于这种认识：提高社会福利可以通过在更广泛的意义上改变价格结构，而不是由作为整体的社会来承担后果。由于加强了对雇员的保护，那些执意保护工作岗位的管理者宁愿让现有工人多加几千小时的班，也不让公司因雇用额外员工而受永久性拖累。

因此，第四个因素即雇用新职工的运营成本远高于加班补贴成本。

10. 社会福利和实际收入

最后是第五个因素。对一些人而言，失业的好处比在雇用状态下可能获得的实际收入增长幅度更大。当然，这是在失业福利包括了出差和挣外快机会之后出现的特殊情况。这种情况大家都已经很熟悉。

鉴于失业者有这种优势，就很难劝说他们去其他地方或者另找工作。出于这种原因而持续失业的人，很难被归入传统的周期性失业、结构性失业或摩擦性失业。我早在1973年就预料到，一旦失业者的福利达到了某种程度，联邦德国就可能出现一群新型的富有的失业者。今天，这一幕出现了。

简而言之，今天的情况有如下特征。目前的失业状况，是从根本上就很荒谬的社会福利措施的进一步后果。它基于这样一个事实：与资本成本相比，工资总量过大；而其中雇用社会弱势群体所产生的运营成本背离了市场发展趋势。这是对社会市场经济下社会政策基本原则的违背。

此外，我们还需要分析这几个因素与全球化发展之间的关系。现在，微观经济构成要比1931年时重要得多。当时，在实施第一批经济刺激措施之后，工资水平几乎维持不变，而我们刚才讨论的这些因素在当时几乎不起任何作用。我们现在之所以不再遵循凯恩斯的旧规则，原因很简单：工资已不再维持不变。

上述微观经济构成与宏观经济各方面之间的关系可用两句话概括：不论经济刺激措施使整体需求增加多少个百分点，维持企业与员工双方的社会伙伴关系，以及实施确保每位员工的年运营成本同比例增长的社会福利法规，只意味着一件事——增加的生产收益不足以支付劳动力成本，哪怕是多雇用一个失业者，失业现象会一直存在。这一点我们不需要读约翰·梅纳德·凯恩斯的著作就可以发现，因为它不过是个简单的算术问题。

另外，总需求现在也不需要大幅增长。只要企业管理者、员工和政府能确保每年用于雇用新员工的运营费用的增长仅略高于整体需求的增长，就足够了。在此情况下，通过简单计算就能明白：需求扩大意味着需要额外增加员工。

一些旨在创造就业机会的特殊措施，在劳动力市场上或许、甚至是必不可少的，因为它们能有效地消除短期风险。但是对未来经济制度起决定性作用的因素，特别是于现阶段而言，是确保——尽管都是临时性措施——经济政策始终着重于满足谨慎调整和根本性修正的需要。简而言之，特殊措施在某些特定情况下或许是必要的，但是恰当的方式更为重要。

为了实现根本性修正，以下几点必不可少：劳动成本的增长速度低于总需求的增长速度；与机械劳动相比，人力劳动再次具有更强的竞争力；以及承担社会福利责任的是社会整体，而非单个企业。

如果这样的根本性修正被证明是正确的，那么在我看来，我们就不会面临任何严重的结构性问题。与 1947—1950 年面临一次性接纳 10 个年龄段的青壮年的困境相比，现在为一两百万毕业生寻找工作的困境，微不足道。而与调整战时生产机制使之适应和平年代经济的困难相比，将生产方式转向环境保护型的困难，同样微不足道。我不赞同这样的观点：目前困扰我们的结构性难题，不同于 1948—1956 年期间遇到的问题——由价格自由相互作用导致，但未引起大混乱。

我们必须不厌其烦地强调，解决劳动力市场的问题必须采取治本而不是治标的措施。

当然，协商集体工资协议应保持独立自主。有人认为个人房产主因其拥有资产而需要承担某些社会责任，在联邦德国也有一些政治团体非常强调资产所有者必须具有社会责任心。对于这些人，我们需要指出如下几点：既然私人财产所有者应具有社会责任心，那么那些受宪法委托制定规则的人就应当具有双倍的责任心，而那些未直接参与制定规则的人也应受到约束。当然，这其中包括在行政自治框架内履行职责的地方政府机构。根据规定，它们有义务履行特殊的社会责任。那些在普遍自主的薪酬谈判中负责制定规则的人也是如此。在我看来，他们也需要表现出社会责任心。

这意味着，他们必须特别注意自己的决策对社会整体可能造成的影响，并且将这种影响作为指导原则之一。

对劳动力市场的根本性修正，意味着通过大幅提高生产商雇用社会弱势群体的成本来推动社会福利的尝试结束了。在生产商的所有供给成本之中，为什么选择这一项？在现代社会，为改善弱势群体物质条件所做的努力，不应以私人企业提高工资水平的形式体现。这属于在社会群体中进行财政调节的范畴。如果提高弱势群体社会福利的开支由雇用他们的企业承担，实际上会损害弱势群体的利益。只有当额外福利来源于税收收入之时，才能达到预期的社会福利水平。

这里涉及的并非是削弱或加强社会福利制度的问题，

而是重新建构。而且，这样的重组不会因备受争议的“国家配额”——政府支出占国民生产总值的比例——而改变，因此这项开支最终还是由私人部门承担。

企业迫于社会压力而雇用学徒，即便不再能够从中获利，无异于中世纪以实物形式支付佃租。另一种情况是，企业缴纳税费，而培训学徒的特殊成本从税收收入中支出。通过旨在明晰财政调节制度的重组，税收占国内生产净值的比例就会变得更加透明和可控。

我很高兴沃尔弗拉姆·恩格斯（Wolfram Engels）也是这一假设的支持者。他通过转移支付清楚地解释了财政调节概念。我还记得他的著作《公民税》。如果你想进一步了解我今天提到的这个概念，那么最好的方式就是阅读恩格斯的书。

我们对透明度的要求远大于以往，因为今天比比皆是的种种曲解摧毁了我们对整个制度的信心。如果我们能更明确地修正收入再分配制度从而提高透明度，不但不会导致社会福利的减少或合并，而且也不会改变国家配额。我们现在需要思考一下现行制度导致的种种后果。例如，那些高质量廉租房的居民，虽收入已大幅提高，却拒绝搬出廉租房。在现行制度下享受生产者补贴或其他非歧视性资助的寄生虫和贪小便宜者都将消失。因此我们可以确定，在福利等支出更加透明的制度下，市场的自我调节力量在总体上保证社会福利实际负担减轻的同时，还会提高其效率。那么，我们就能够以更小的代价获得更高的社会福利。

根本性修正不可或缺

现在进行总结。正如以上所举从税法到资产负债表法等例子说明的一样，前后一致的公共政策应避免采取临时性或权宜性措施，而应尽量采取针对潜在恶果的治本措施。

自由市场经济制度已实行了30年，但我们仍然没有准确定义其社会因素。因此，在系统性调控政策之下，正确的方法应当是，不再以特殊价格或支付贫困人群特殊薪酬的方式实现社会目标。此外，还应停止通过为生产者提供补助来实现社会目标的尝试。这两种尝试都是弊大于利。我们需要将实现社会平衡的目标置于其真实的背景中——财政调节领域。如果仅着眼于国内经济，而暂且不提重要的全球性目标，那么我认为重建社会平衡制度就是调控政策——旨在保护社会市场经济——当前面临的主要任务。

接下来的第一个问题可能是：这样的措施如何以政治方

式实行?

我的回答如下。最近，在牛津举行了克尼格斯温特尔会谈（The Königswinter Talks）。在关于失业问题的专题研讨会上，来自英国和德国的专家花费了很长的时间发表了一些老生常谈的意见：增长持续疲弱、潜在的结构性问题、工作总时间的重新调整——延长休假或提前退休。这些在国内每天都可以听到的观点在会上被反复提及。但是随后，一位可爱的女士发言道："先生，您刚才说的可能都对，而且是事实，但我们必须坦率地承认，我们已经犯了一些政治错误。由于我们在培训和报酬方面对雇主提出了各种要求，所以如此多的年轻人找不到工作便不足为怪。最重要的是，我们已经使雇用年轻人变得毫无吸引力。这一点必须改变。要使雇用年轻人对企业重新变得具有吸引力。"这位备受关注的发言人就是雪莉·威廉姆斯（Shirley Williams），英国工党政府的教育大臣。

英国教育大臣（工党政府）站出来呼吁我们更多地关注市场经济调控的基本原则，让人觉得危机时代也有其好的一面。这让我有理由抱有希望。

文章作者简介

弗朗茨·伯姆（1895—1977）

弗莱堡大学法学教授，弗莱堡学派创始人之一。1953年至1965年，担任联邦德国国会议员。

Franz Böhm（1895–1977）

Professor of law and co-founder of the Freiburg School at the University of Freiburg. From 1953 to 1965, he was a member of the German federal parliament.

路德维希·艾哈德（1897—1977）

1949年至1963年任联邦德国经济部部长，1963至1966年任联邦德国总理，通常被视为“二战”后联邦德国经济复苏的功臣。

Ludwig Erhard（1897–1977）

Minister of Economics from 1949 to 1963 and Chancellor of the Federal Republic from 1963 to 1966. He is often credited with initiating German economic recovery after WWII.

瓦尔特·欧肯（1891—1950）

1927 年至 1950 年任弗莱堡大学经济学教授，被视为德国秩序自由主义之父。

Walter Eucken（1891–1950）

Professor of economics at the University of Freiburg from 1927 to 1950. He is considered to be the father of German ordo-liberalism.

拉斯·P. 菲尔德（1966— ）

弗莱堡大学经济政策与宪政经济学教授，瓦尔特·欧肯研究所所长，德国经济专家委员会成员。

Lars P. Feld（1966— ）

Professor of Economic Policy and Constitutional Economics at University of Freiburg, director of the Walter Eucken Institute, Member of German Council of Economic Experts.

赫伯特·吉尔施（1921—2010）

经济学教授，1964 年至 1970 年任德国经济专家委员会首届成员，1969 年至 1989 年任基尔世界经济研究所所长。

Herbert Giersch（1921–2010）

Professor of economics, founding member of the German Council of Economic Experts from 1964 to 1970 and president of the Kiel Institute for the World Economy from 1969 to 1989.

汉斯·格罗斯曼－德尔特（1894—1944）

1933 年至 1944 年任弗莱堡大学法学教授，与伯姆和欧肯同被视为弗莱堡学派的创始人。

Hans Großmann-Doerth（1894–1944）

Professor of law at the University of Freiburg from 1933 to 1944 and co-founder of the Freiburg School together with Böhm and Eucken.

弗里德里希·A. 鲁茨（1901—1975）

欧肯的学生，1947 年至 1952 年任普林斯顿大学经济学教授，1953 年至 1972 年任苏黎世大学经济学教授。

Friedrich A. Lutz（1901–1975）

A student of Eucken at Freiburg, he later became professor of economics at Princeton University（1947–1952）and the University of Zurich（1953–1972）.

恩斯特－约阿希姆·梅斯特马克（1926—　）

法学教授，任教于德国与美国多所大学，1979 年至 1994 年马克斯·普朗克比较法与国际私法研究所所长。

Ernst-Joachim Mestmäcker (1926 –　)

Professor of law at various universities in Germany and the US. From 1979 to 1994, he was the director of the Max Planck Institute for Comparative and International Private Law.

莱昂哈德·米克施（1901—1950）

欧肯的学生，艾哈德的核心顾问，1948 年取消价格管制相关法律起草人。

Leonhard Miksch (1901–1950)

A student of Eucken at Freiburg, he became a close advisor to Erhard and drafted the 1948 law to abolish price controls.

阿尔弗雷德·米勒－阿尔玛克（1901—1978）

明斯特大学与科隆大学经济学教授，1958 年至 1963 在艾哈德领导的联邦德国经济部担任国务秘书。

Alfred Müller-Armack (1901–1978)

Professor of economics at the Universities of Münster and

Cologne. From 1958 to 1963, he was state secretary in the Ministry of Economic Affairs under Erhard.

沃夫冈·施蒂策尔（1925—1987）

1958 年至 1987 年任萨尔大学经济学教授，1966 年至 1968 年任德国经济专家委员会成员。

Wolfgang Stützel (1925–1987)

Professor of economics at Saarland University from 1958 to 1987. From 1966 to 1968, he was also a member of the German Council of Economic Experts.

参考文献

Acemoglu, Daron, Simon Johnson, and James A. Robinson. 2005. "Institutions as a Fundamental Cause of Long-Run Growth." In Philippe Aghion and Steven N. Durlauf, eds., *Handbook of Economic Growth*, Vol. 1A. Amsterdam: Elsevier, pp. 385–472.

Barro, Robert J., and David B. Gordon. 1983. "A Positive Theory of Monetary Policy in a Natural Rate Model." *Journal of Political Economy* 91 (4) : 589–610.

Beck, Thorsten, and Hans - Helmut Kotz (eds.) . 2017. *Ordoliberalism: A German oddity?*. London: CEPR Press.

Biebricher, Thomas, and Frieder Vogelmann (eds.) . 2017. *The Birth of Austerity: German Ordoliberalism and Contemporary Neoliberalism*. London: Rowman & Littlefield.

Blyth, Mark. 2013, *Austerity: The History of a Dangerous Idea*. Oxford: Oxford University Press.

Böhm, Franz, Walter Eucken, and Hans Grossmann-Doerth. [1936] 1989. "The Ordo Manifesto of 1936." In Alan T. Peacock and Hans Willgerodt, eds., *Germany's Social Market Economy: Origins and Evolution*. London: Macmillan, pp. 15–26.

Dathe, Uwe. 2009. "Walter Euckens Weg zum Liberalismus (1918–1934) ." ORDO 60: 53–86.

Eucken, Walter. [1940] 1950. *The Foundations of Economics: History and Theory in the Analysis of Economic Reality*. London: William Hodge.

——. [1952] 2004. *Grundsätze der Wirtschaftspolitik*. Tübingen: Mohr Siebeck.

Feld, Lars P., Ekkehard A. Köhler, and Daniel Nientiedt. 2015. "Ordoliberalism, Pragmatism and the Eurozone Crisis: How the German Tradition Shaped Economic

Policy in Europe." CESifo Working Paper No. 5368. Munich: CESifo Group.

Feld, Lars P., Ekkehard A. Köhler, and Daniel Nientiedt. 2018. "The German Anti-Keynes? On Walter Eucken's Macroeconomics." Freiburg Discussion Papers on Constitutional Economics 18/11. Freiburg im Breisgau: Walter Eucken Institut.

Gerber, David J. 1994. "Constitutionalizing the Economy: German Neo-liberalism, Competition Law and the 'New' Europe." *American Journal of Comparative Law* 42 (1): 25–84.

Giersch, Herbert, Karl-Heinz Paqué, and Holger Schmieding. 1992. *The Fading Miracle. Four Decades of Market Economy in Germany*. Cambridge: Cambridge University Press.

Goldschmidt, Nils, and Michael Wohlgemuth. 2008. "Social Market Economy: origins, meanings and interpretations." *Constitutional Political Economy* 19 (3): 261–276.

Hayek, Friedrich A. [1963] 1967. "The Economy, Science and Politics." In Friedrich A. Hayek, *Studies in Philosophy, Politics and Economics*. London: Routledge & Kegan Paul, pp. 251–269.

Hien, Josef, and Christian Joerges (eds.). 2017. Ordoliberalism, *Law and the Rule of Economics*. Oxford: Hart Publishing.

Köhler, Ekkehard A., and Stefan Kolev. 2013. "The Conjoint Quest for a Liberal Positive Program: 'Old Chicago,' Freiburg, and Hayek." In David M. Levy and Sandra J. Peart, eds., *F. A. Hayek and the Modern Economy: Economic Organization and Activity*. New York: Palgrave Macmillan, pp. 211–228.

Köhler, Ekkehard A., and Daniel Nientiedt. 2017. "The Muthesius Controversy: A Tale of Two Liberalisms." *History of Political Economy* 49 (4): 607–630.

Kolev, Stefan. 2010. "F. A. Hayek as an ordo-liberal." HWWI Research Paper No. 5-11. Hamburg: Hamburg Institute of International Economics.

——. 2017. "Röpke, Wilhelm." In Alain Marciano and Giovanni Battista Ramello, eds., *Encyclopedia of Law and Economics*. New York: Springer, DOI: https://doi.org/10.1007/978-1-4614-7883-6_622-3

Kolev, Stefan, and Patricia Commun. 2018. "Wilhelm Röpke as a Pragmatic Political Economist and Eclectic Social Philosopher: An Introduction." In Stefan Kolev and Patricia Commun, eds., *Wilhelm Röpke (1899–1966): A Liberal Political Economist and Conservative Social Philosopher*. Heidelberg: Springer, pp. 1–8.

Kydland, Finn E., and Edward C. Prescott. 1977. "Rules Rather than Discretion: The Inconsistency of Optimal Plans." *Journal of Political Economy* 85(3): 473–492.

Mestmäcker, Ernst-Joachim. 2011. "The Development of German and European Competition Law with Special Reference to the EU Commission's Article 82 Guidance of 2008." In Lorenzo F. Pace, ed., *European Competition Law: The Impact of the Commission's Guidance on Article 102*. Cheltenham: Edward Elgar, pp. 25–62.

Nientiedt, Daniel, and Ekkehard A. Köhler. 2016. "Liberalism and democracy – A comparative reading of Eucken and Hayek." *Cambridge Journal of Economics* 40(6): 1743–1760.

Reinhoudt, Jurgen, and Serge Audier. 2018. "Introduction." In Jurgen Reinhoudt and Serge Audier, eds., *The Walter Lippmann Colloquium: The Birth of Neo-Liberalism*. Basingstoke: Palgrave Macmillan, pp. 3–52.

Rieter, Heinz, and Matthias Schmolz. 1993. "The ideas of German ordoliberalism 1938–45: pointing the way to a new economic order." *European Journal of the History of Economic Thought* 1(1): 87–114.

Rüstow, Alexander. [1932] 2017. "State policy and the necessary conditions for economic liberalism." In Thomas Biebricher and Frieder Vogelmann, eds., *The Birth of Austerity: German Ordoliberalism and Contemporary Neoliberalism*. London: Rowman & Littlefield, pp. 143–149.

Sally, Razeen. 1996. "Ordoliberalism and the Social Market: Classical Political Economy from Germany." *New Political Economy* 1(2): 233–257.

Schäfer，David. 2016. “A Banking Union of Ideas? The Impact of Ordoliberalism and the Vicious Circle on the EU Banking Union.” *Journal of Common Market Studies* 54（4）: 961–980.

Taylor，John B. 1993. “Discretion versus policy rules in practice.” *Carnegie Rochester Conference Series on Public Policy* 39: 195–214.

Vanberg，Viktor. 1988. “‘Ordnungstheorie’ as Constitutional Economics – The German Conception of a ‘Social Market Economy’.” ORDO 39: 17–31.

——. 1998. “Freiburg school of law and economics.” In Peter Newman，ed.，*The New Palgrave Dictionary of Economics and the Law*，Vol. 2. London: Macmillan，pp. 172–179.

——. 2005. “Market and state: the perspective of constitutional political economy.” *Journal of Institutional Economics* 1（1）: 23–49.

鸣 谢

本书的出版得到以下机构的大力支持，特此鸣谢！

Wir bedanken uns herzlich bei den folgenden Institutionen, deren Unterstuetzung das Erscheinen dieses Buches ermoeglicht hat.

中国社会科学院欧洲研究所

（Institute of European Studies, CASS）

清华大学国家金融研究院

（National Institute of Financial Research, Tsinghua University）

弗莱堡瓦尔特·欧肯研究所

（Walter Eucken Institute at Freiburg University）

彼得·荣根控股有限公司

（Peter Jungen Holding GmbH）

《社会市场经济》译者与校对名单

章节名称	译者	校对	总校
秩序自由主义与社会市场经济	孙艳	胡琨	
1936 年的秩序宣言：我们的任务	周冰	朱雪晴	刘绯
什么样的经济和社会系统?	肖馨怡	周冰	刘绯
市场经济中的法治	肖馨怡	钟佳睿	刘绯
经济改革计划	朱雪晴	肖馨怡	刘绯
德国币制改革与经济复兴	朱雪晴	李梦璐	刘绯
社会市场经济的意义	李梦璐	朱雪晴	刘绯
工业社会的竞争政策	朱雪晴	钟佳睿	刘绯
竞争与经济制度	钟佳睿	李梦璐	刘绯
动态经济中的利率和投资	钟佳睿	周冰	刘绯
增长、结构变化与就业：基于熊彼特的视角	李梦璐	肖馨怡	刘绯
运用系统的调控政策保障社会市场经济	周冰	肖馨怡	刘绯

李梦璐，德国语言文学硕士，德国哈勒大学语言学博士候选人

肖馨怡，金融学硕士，德国哈勒大学经济学博士候选人

钟佳睿，经济学硕士，德国哈勒大学经济学博士候选人

周冰，德语语言文学硕士，德国哈勒大学语言学博士候选人

朱雪晴，经济学硕士

胡琨，中国社会科学院欧洲研究所经济研究室副主任，副研究员

孙艳，中国社会科学院欧洲研究所研究人员